La gratuité n'a pas de prix !

Frère Hervé Ponsot o.p.

Edition : BoD - Books on Demand
12/14 rond-point des Champs Elysées
75008 Paris
Imprimé par BoD – Books on Demand, Norderstedt
ISBN : 978 2 322185306
Dépôt légal : **Février 2020**

Ma réflexion sur la gratuité est en gestation depuis… trente ou quarante ans. Plusieurs personnes m'ont, à divers moments, encouragé à en faire non seulement le sujet d'un billet ou même d'une conférence, mais un livre.

Le sujet me débordant de toutes parts, j'ai eu bien du mal à le réduire, et je ne pense pas avoir fait mieux que poser la première ou la deuxième marche d'un escalier.

Au risque d'oublier tant et tant de ceux qui m'ont aidé à préciser ma pensée, et encouragé au fil du temps, je vais quand même singulariser :

- Certains auditoires, tel celui de Carnac, à l'initiative de son curé Dominique Le Quernec.

- Des frères et sœurs dominicains, parmi lesquels les sœurs moniales de Chalais, dans le massif de la Chartreuse.

- Les amis de toujours ou ceux plus récents, comme j'en rencontre sur les réseaux sociaux, au travers de ma page Facebook, de mon blog *Proveritate*, d'un déjeuner ou d'un dîner où l'on discute à bâtons rompus : n'est-ce pas, parmi beaucoup d'autres, Florian, Bruno ou François ?

LIMINAIRE

Trois étudiants de grandes écoles françaises sont invités à se rencontrer. À chacun d'eux, la même question est posée : « Combien font deux et deux ? ».

Le premier, issu de l'école Polytechnique, répond sans hésitation : « Quatre », et l'interrogateur se félicite de son jugement sûr et de son caractère décidé ; le deuxième, formé à l'école des Sciences-Politiques de Paris observe : « Tout dépend de la conjoncture ! », et l'interrogateur admire sa pondération ; le troisième, issu des Hautes Études Commerciales, rétorque pour sa part : « C'est pour acheter ou c'est pour vendre ? ».

Cette anecdote est révélatrice d'un univers où se meuvent non seulement ces étudiants dont je fus, mais encore tant et tant d'êtres humains aujourd'hui : cet univers est celui du nombre et, par suite, de la mesure, ou plutôt de la démesure en toutes choses.
Le gratuit est absent parce qu'on ne peut lui appliquer la catégorie de la mesure. Pas plus que le zéro, le rien ne le signifie ; comme le faisait d'ailleurs remarquer l'humoriste Raymond Devos, éminent spécialiste de la langue française : « Rien, ce n'est pas rien, multiplié par trois, ça fait trois fois rien, et avec trois fois rien, on peut déjà s'acheter quelque chose ! ». Voilà au surplus une magnifique démonstration que le langage lui-même est piégé par le nombre... au point qu'il lui devient difficile de dire ou d'exprimer le gratuit.

Dans les deux historiettes que je viens de rapporter à propos de la gratuité, n'est considérée que celle qui concerne ce qu'un ami appelle « l'économie financière ». Mais je n'oublie pas que la gratuité peut s'apprécier à un autre niveau, celui de « l'économie relationnelle », par exemple au travers d'un service rendu.
Si l'on peut s'interroger, dans le premier cas, sur la présence dans notre monde de la gratuité, entendue au sens de « sans retour » et non pas de « non payant », ne semble-t-il pas évident qu'on peut

s'en approcher[1] dans le second cas : aide à la personne, accueil de migrants, partage de biens… ?
Sans doute, mais il reste que cette place est très difficile, et surtout qu'elle se rétrécit au fur et à mesure que la société se range du côté du chiffre, de la mesure, et se laisse « ronger » par « l'économie financière ».

Nous sommes entrés depuis longtemps dans la société « numérique ». Aujourd'hui les qualités, au même titre que les quantités, s'évaluent, se pèsent, se comparent ; les statistiques et les sondages « mesurent l'opinion » ; les qualités et les vertus ont laissé la place aux « valeurs » ; l'intérêt d'une émission télévisée n'est plus établi e d'après son contenu, mais son « indice d'écoute » ; les personnalités sont jaugées d'après ce que les médias appellent des « baromètres » ; la dignité humaine est fonction du rendement, du salaire, de la valeur ajoutée possible etc. La question « philosophique » la plus courante se formule ainsi : « À quoi ça sert ? » ou bien « qu'est-ce que cela vaut ? »

Ce constat du caractère invasif et nuisible du nombre est fait par beaucoup d'autres que moi, tel Jean-Claude Guillebaud (*Sud-Ouest Dimanche*, 22/12/2019) :

> « *À ces falsifications du langage, il faudrait ajouter celle des « nombres », c'est-à-dire des statistiques qui sont aujourd'hui arraisonnées — et instrumentalisées — par l'astuce des communicants. Exemple : dans les parlottes télévisées, il vient toujours un moment où l'on se réfère, avec la solennité qui convient, au Produit Intérieur Brut (PIB). Ce dernier est convoqué à la barre comme une réalité impérieuse et impériale. En général, c'est pour montrer qu'en terme de croissance l'avenir sourit à la France, et tutti quanti. Hélas pour la vérité ! Plus grave encore. On sait maintenant que le PIB n'est pas un indicateur scientifique mais « politique », au sens le plus manipulateur*

---

[1] Faute de pouvoir vraiment y parvenir comme on le verra plus loin.

du terme. Voilà qui vient conforter les travaux déjà anciens d'Alain Supiot — titulaire de la chaire de droit social au Collège de France — sur cette forme spécifique de tricherie qu'il appelle la « gouvernance par les nombres ».

Au total, le parler en usage dans la plupart des débats télévisés n'a plus de vraie substance. Les téléspectateurs, confusément, s'en rendent compte. Au lieu de penser, on compte. On se renvoie à la figure des pourcentages, des « moyennes ». Faisant cela les « discuteurs » croient être à la mode. Les malheureux ! C'est le contraire qui se passe. À s'en tenir aux chiffres, on passe à côté de l'essentiel : la vie des gens, leurs humiliations de « gouvernés », leur défiance. »

Voilà des années que cette question de la gratuité, de son origine mais aussi de sa nécessité, ne m'a pas quitté. Et cet intérêt n'a cessé de se renforcer au fil de ma vie dominicaine et de mes études bibliques. Là, très loin « de la gouvernance par les nombres », j'ai rencontré des chiffres très symboliques, 1, 3, 7, 12, 40 ou autres, qui ne mesurent rien, mais contribuent à définir le sens d'un événement. Dieu ne compte pas, ou très mal, et il n'aime pas que l'homme « compte »… sur un autre que lui : cf. le recensement de 2 S 24. En d'autres termes, j'ai rencontré la gratuité de Dieu, dans son être, dans son rapport avec les hommes, et dans le rapport que Dieu souhaite les voir adopter entre eux.

Il me semble donc intéressant d'y regarder de plus près :

- Dans un premier temps, je propose de montrer comment la société de consommation dans laquelle nous vivons se fonde de plus en plus largement sur le nombre et la mesure, et sombre parallèlement dans l'illusion et la violence.

- Dans un deuxième temps, par contraste et de manière évidemment plus développée, je présenterai quelques aspects du Dieu de la Bible tel qu'il nous est révélé.

- Finalement, dans un troisième temps, j'esquisserai une éthique de la gratuité telle que Dieu nous la propose.

LA TRÈS CHÈRE SOCIÉTÉ DE CONSOMMATION

Le constat sur la société de consommation que je vais proposer dans ce chapitre est très clairement « partiel », « simplificateur » et « à charge » : il vise à amplifier un contraste. Il passe sur les avantages que peut donner le recours aux chiffres dans cette société, et néglige le fait que beaucoup en son sein ont déjà donné sous diverses formes la priorité à la gratuité. Je reviendrai sur cela brièvement en fin de chapitre, en guise de préparation au chapitre suivant consacré au Dieu de la Bible.

LE RÈGNE DU NUMÉRIQUE

Comme son nom même l'indique, la société numérique est fondée sur le chiffre, et elle en tire pour une part sa force : c'est ainsi que le « rêve » platonicien[1] d'un monde gouverné par le nombre est devenu réalité. Non sans fruits. De fait, les outils qu'elle offre déjà, et ceux qu'elle promet, nous comblent et nous stimulent, ils facilitent des tâches lourdes ou répétitives, ils mettent en relation… Mais ils ont tellement d'avantages évidents qu'ils contribuent aussi à endormir nos consciences : on oublie par exemple la surexploitation des terres fournissant certains composants de ces outils, comme des petites mains qui les élaborent.

Le développement technique a de très nombreux revers sur lesquels la plupart d'entre nous déposons un voile pudique.

---

[1] *La République*, Livre VII, Les Belles Lettres, Paris, 1933.

Il fut un temps, qui est d'ailleurs curieusement en train de faire son retour, où l'on pratiquait le troc, et donc une forme de mesure « au doigt mouillé ». Certains s'y retrouvaient, d'autres non. L'estimation et la mesure sont venues pour mettre un peu d'ordre là-dedans, sans vraiment y réussir : parce que le profit s'est glissé dans l'affaire. Aux fins d'investissement dira-t-on, ce qui reste à voir…

Le prix devait donc ramener de la mesure, il est de plus en plus souvent l'expression de la démesure : il est sûr qu'il est difficile d'évaluer les qualités d'un joueur de football, ou celles d'un entrepreneur, mais de là à atteindre les salaires que l'on connaît dans d'innombrables cas aujourd'hui, la marge est grande. Peut-on, comme on le fait souvent, assurer qu'il s'agit de la mise en œuvre de l'offre et de la demande ? Pour une part oui, pour une autre part rien d'autre que de la spéculation.

J'ajoute que le prix génère des comparaisons : ce qui n'est pas trop grave lorsqu'il s'agit de barils de lessive, mais ce qui est beaucoup plus gênant lorsqu'il s'agit de personnes. Bien sûr, on dira que la concurrence est stimulante, qu'elle pousse à la recherche ou au dépassement de soi, que son fruit rejaillit sur tous : en oubliant tous ceux qu'elle laisse sur la rive, chez nous comme ailleurs.

Un autre « lieu » de l'usage du nombre est bien sûr celui du temps. Peut-on dire, comme on l'entend souvent, que « le temps est compté » ou, dans d'autres espaces et ce qui revient au même, « qu'il est décompté » ? Ou bien « je *n'ai* pas le temps ». Il s'agit bien là d'une réalité que nous prétendons, par cette évaluation même, maîtriser. Notre société de consommation en tout cas nous le fait croire, tout en reconnaissant « dans le même temps » que cette maîtrise ne cesse d'échapper.

Il fut « un temps » où l'on mesurait les performances sportives en secondes, puis on est passé au dixième et maintenant au centième de seconde : qui peut croire qu'une performance soit vraiment meilleure parce qu'elle fait un centième de seconde de mieux qu'une autre ? Il fut un temps où le temps ne comptait pas, ou plutôt on ne comptait pas le temps, par exemple celui de la rencontre : aujourd'hui, nous n'avons que dix minutes à consacrer à telle ou telle rencontre.

Il fut un temps où l'on mettait sept à huit heures pour faire Paris-Bordeaux en voiture quand on n'en met plus que cinq, et moins encore en TGV : au fait, qu'y avons-nous vraiment « gagné » ? J'ai écrit « gagné », car c'est ainsi que nous le percevons généralement. Mais, « la plupart du temps », nous n'avons rien gagné, et il ne s'agit de rien d'autre que de désirer vainement l'emporter sur le temps, sans arriver à le dépasser.

À qui profite le temps « gagné » ? Dans la société industrielle qui est la nôtre, et certains ne manquent pas de le rappeler, « le temps, c'est de l'argent ». Le temps gagné est une forme du profit ! On se souvient de cette formule choc du grand patron de TF1 à l'époque,

Patrick Le Lay : « Ce que nous vendons à Coca Cola, c'est du temps de cerveau disponible ».

Cela nous mène très loin aujourd'hui, du côté du temps de la vie humaine. On veut nous faire croire que l'immortalité est à notre portée : mais pour l'heure, après la momification et la cryogénisation, que nous propose-t-on ? L'homme augmenté ! Implicitement, un chiffre, mais « à quel prix », si je peux me permettre une telle question ? Pas un seul instant, les questions du sens et des modalités ne sont questionnées. Le nombre est roi, il s'impose comme une « valeur » suprême.

Quand comprendrons-nous que le temps n'est pas notre propriété, qu'il n'est pas à notre mesure, qu'il est un don de Dieu, qu'il nous faut accueillir comme tel, et qui prend là tout son sens ?

LE RÈGNE DE L'APPARENCE

UNE PRÉTENDUE GRATUITÉ

Certains diront peut-être que les « produits gratuits » trouve quand même leur place dans notre monde, par exemple sur Internet. Sur ce média, ne nous offre-t-on pas des logiciels que l'on ne paye pas et que l'on a coutume d'appeler « freewares » ? Il est intéressant de constater que la traduction française du terme anglais que je viens d'employer est « logiciel libre » et non pas « logiciel gratuit », qui serait « free software » ; et l'auteur de la notice « freeware » sur *Wikipedia* met en garde à juste titre sur la confusion entre logiciel libre et logiciel gratuit.

Quant aux logiciels gratuits, ou gratuiciels selon nos amis canadiens, le rédacteur de la note que je viens d'évoquer précise : « Dans le cas de développement réalisé par des amateurs éclairés, la distribution gratuite du logiciel est une nécessité, du moins dans un premier temps, pour s'assurer de la propagation du logiciel. Ces auteurs de gratuiciel ne peuvent pas se permettre, s'ils veulent que leur logiciel soit utilisé, de le faire payer ». Sans doute cette situation n'est-elle pas généralisable à tous les auteurs de gratuiciels, sans doute compte-t-on de vrais mécènes parmi eux, mais la prudence est de mise avant d'affirmer la gratuité. Qui, en tout état de cause, est économique.

Sur un tout autre plan, un jeune ami me parlant des « teufs », autrement dit des fêtes musicales auxquelles il participait régulièrement, me disait : « C'est génial, c'est gratuit ». J'ai eu quelque difficulté à lui faire comprendre que transporter le matériel audio nécessaire à la teuf, l'installer et le maintenir en état de marche était tout sauf gratuit, et que je soupçonnais les vendeurs de drogue, ou quelques autres sponsors du même acabit, de subventionner ces teufs pour se faire de nouveaux clients...

Je passerai sur les produits vendus en supermarchés, dont beaucoup annoncent « 30% gratuits » : on sait que cette gratuité est toute relative, qu'elle est intégrée dans le coût de lancement d'un produit et qu'elle ne dure que ce que durent les roses, l'espace d'un matin.

Non, la vraie gratuité n'est pas dans le chiffre !

Notre monde ne nous propose pas seulement une prétendue gratuité, mais aussi une fausse conception de l'égalité en la fondant elle aussi sur le nombre. Tous les français ne savent ou devraient savoir que la devise de notre pays est « liberté, égalité, fraternité » : si les libertés se restreignent au fil des contestations sociales, si la fraternité néglige ou met à mal, par exemple dans la réflexion bioéthique, l'élément de paternité qu'il suppose, il semble que l'égalité tire son épingle du jeu et soit encore la préoccupation de tous.

Mais de quelle égalité parle-t-on ? Rien d'autre que celle que mesure le nombre et qui est source d'égarement. On m'a bien appris que nous sommes tous des vases différents, et que la plénitude n'est pas la même pour les uns et pour les autres : les parents en font tous les jours l'expérience avec leurs enfants. L'égalité ne consiste certainement pas à donner la même chose à chacun, mais à chacun ce dont il a besoin et selon ce qu'il est. L'égalisation numérique est un leurre : elle va donner trop aux uns et pas assez aux autres.

Quand donc, par exemple dans des groupes mixtes ou dans les débats concernant le domaine bioéthique, on prône un progrès fondé sur l'égalité, cette égalité peut donner naissance à une régression. Qui ne voit qu'à l'école ou à l'université, autre exemple, elle engendre un nivellement par le bas ? Et un oubli des personnalités de chacun. Au détriment non pas des plus brillants, qui tirent toujours leur épingle du jeu, mais des plus modestes qui ne sont pas accueillis pour ce qu'ils sont vraiment

L'égalité est donc elle aussi meurtrie par le règne du nombre.

LE RÈGNE DE LA MORT

Tout le monde ne l'admettra pas, mais le pape François, du fait de sa personne autant que de son service, joue un rôle prophétique. Depuis des années, lui ou ses prédécesseurs évoquent une « culture de mort » qui pénètre l'ensemble de nos sociétés. Il me semble que nous en avons plusieurs signes, que la culture du nombre suscite et nous révèle à la fois.

L'AVERTISSEMENT ÉCOLOGIQUE

Cet avertissement est sans doute le plus évoqué par les temps qui courent, mais il est encore loin de convaincre. En particulier bien des politiques, qui sont tétanisés par la peur, ligotés par de puissants lobbies, ou plus simplement inconscients. Les avertissements se multiplient, sans qu'il soit nécessaire de prendre en compte les plus discutés, tels ceux de Greta Thunberg que, personnellement, j'apprécie parce qu'elle ne fait en réalité que renvoyer à des études scientifiques de qualité.

Je pense par exemple aux innombrables écrits et conférences, disponibles souvent gratuitement en ligne, d'un homme modéré et d'une extrême intelligence, l'économiste jésuite Gaël Giraud. Dans un article tout récent au moment où j'écris ces lignes, je lis :

« Quant à Andrew Oswald et Nicolas Stern, eux aussi, ont changé. Leur article récent est loin de la *Stern Review* de 2006, qui partait de « la théorie de base des externalités et des biens publics ». Dans leur texte publié sur Vox, l'approche des deux auteurs a basculé en direction des modes de produire et de consommer. Impossible, soutiennent-ils désormais, d'éviter un réchauffement de 3°C, ou plus, sauf à engager « un changement radical et rapide de nos processus de production et de consommation » »[1].

Mais en quoi les variations climatiques, et plus généralement les urgences écologiques ont-elles à voir avec le sujet de ce livre, la gratuité, ou avec les questions que je viens de poser sur la prolifération de la mesure par le nombre ? Tout simplement parce que l'un des moteurs de la réflexion écologique a longtemps été, et reste encore, la raréfaction évidente des ressources énergétiques planétaires, le constat qu'il allait falloir envisager une décroissance : la mesure, et plus encore la démesure, sont prises en défaut.

Voici documentaire sur la raréfaction de l'eau dans le monde, et la manière dont les sociétés rapaces, conscientes d'un nouveau marché à exploiter tant que c'est encore possible, cherchent à en tirer profit. Disponible pour un temps limité sur Arte, j'en tire quelques lignes de présentation qui reprennent le vocabulaire de la gratuité :

« Réchauffement climatique, pollution, pression démographique, extension des surfaces agricoles : partout dans le monde, la demande en eau explose et l'offre se raréfie. En 2050, une personne sur quatre vivra dans un pays affecté par des pénuries. Après l'or et le pétrole, l'"or bleu", ressource la plus convoitée de la planète, attise les appétits des géants de la finance, qui parient sur sa valeur en hausse, source de profits mirobolants (...) Le film montre le combat, à la fois politique, économique et environnemental, que se livrent les apôtres de la financiarisation de l'eau douce et ceux, simples citoyens ou villes européennes, qui résistent à cette dérive,

---

[1]   https://theconversation.com/urgence-climatique-malaise-chez-les-economistes-126645

considérant son accès comme un droit universel, d'ailleurs reconnu par l'ONU en 2010. Alors que la bataille de la gratuité est déjà perdue, le cynisme des joueurs de ce nouveau casino mondial, au sourire carnassier, fait frémir, l'un d'eux lâchant : "Ce n'est pas parce que l'eau est la vie qu'elle ne doit pas avoir un prix." »[1]

Il y a une vingtaine d'années déjà, l'un de mes amis, travaillant dans une agence de l'eau, m'affirmait : « les guerres du futur seront des guerres de l'eau ». Tel est déjà le cas aujourd'hui. Il est urgent de mettre de la mesure dans la consommation des ressources disponibles, et de développer des formes de redistribution. De dépasser la mesure sans tomber dans la démesure !

L'AVERTISSEMENT ÉCONOMIQUE

Cette redistribution est inévitable en fait. Les changements climatiques que je viens d'évoquer rapidement vont engendrer des mutations sociales, géographiques, économiques considérables. Je vais pour le rappeler faire encore appel à Gaël Giraud, pour un constat implacable :

« Si les gens ne migrent pas, les trois quarts de la population humaine devraient connaître plus de 20 jours par an de condition létale [soit le moment où le corps humain ne peut plus survivre à cause de la chaleur et de l'humidité]. Toute l'Amazonie est condamnée, le bassin du Congo, le golfe de Guinée, la façade est de l'Afrique, le littoral indien, l'Asie du Sud-Est, où le nombre de jours « mortels » pourrait excéder 200 par an. Ces zones vont être

---

[1] *Main basse sur l'eau*, un documentaire de Jérôme Fritel, France, 2018.

désertées. Sur les côtes Est américaine et chinoise, on pourrait approcher les 100 jours par an de condition létale. La Banque mondiale chiffre à deux milliards le nombre de réfugiés climatiques dans la seconde moitié du siècle. Je pense que cela demeure très sous-estimé : si l'Inde et l'Asie du Sud-Est deviennent invivables, au moins trois milliards de personnes vont devoir migrer. »[1]

Pour un ouvrage qui veut voire au-delà des chiffres, ces considérations chiffrées ont bien sûr quelque chose de gênant, surtout qu'elles sont contestables. Mais quels que soient les chiffres, il est clair… que l'avenir est sombre, si du moins rien ne bouge ! Et que les migrations que nous connaissons déjà aujourd'hui, entreprises par des milliers de personnes souvent au péril de leur vie, ne sont que la partie émergée d'un iceberg appelé à fondre de plus en plus rapidement et inonder la planète.

Plutôt que de contester les chiffres de cette immigration, ou la manière dont elle va s'étendre, ne faut-il pas s'y préparer ? Décroissance, partage et… gratuité ne sont-ils pas convoqués ?

LE FAUX-NEZ DE LA SOCIÉTÉ DE CONSOMMATION

Notre société de consommation porte bien son nom : elle ne nous invite pas à satisfaire des besoins légitimes, mais à les saturer, et à en créer sans cesse de nouveaux. En pensant qu'elle pourra toujours y répondre. Mais la limitation des ressources et les bouleversements

---

[1] https://reporterre.net/Gael-Giraud-Si-l-Inde-et-l-Asie-du-Sud-Est-deviennent-invivables-trois

climatiques dont j'ai parlé plus haut sont venus mettre de sérieux grains de sable dans les rouages.

Entendons-nous bien. Quand je lis que les 9 milliards d'êtres humains qui peupleront la planète en l'année xx, au lieu des 7 milliards d'aujourd'hui, vont constituer un problème insoluble, je n'en crois rien : encore une fois, les chiffres sont trompeurs. Je suis en revanche convaincu que le problème, s'il doit y avoir problème, découlera d'une exploitation et concentration des ressources en quelques mains, au lieu de favoriser les économies locales, et d'éventuelles redistributions.

AU CŒUR DE CETTE SOCIÉTÉ, L'ILLUSION TECHNIQUE

Réjouissons-nous, Jacques Ellul (1912-1994), sociologue et exégète protestant, beaucoup plus connu aux Etats-Unis, où il a enseigné, qu'en France, revient à la mode. Du moins, on reparle de lui. Et d'une de ses œuvres majeures à laquelle je fais souvent référence, *La parole humiliée*[1]. *Wikipedia* consacre à cet auteur, dont l'audience est restée longtemps limitée au « périmètre aquitain », un long et passionnant article dont je vais reprendre plusieurs éléments.

Ellul a bâti l'essentiel de sa renommée outre-Atlantique sur un travail de pionnier relatif à l'analyse de la technique : il lui a consacré d'innombrables articles et livres qui restent incontournables aujourd'hui encore.

---

[1] Paris, La Table Ronde, 2014, 2ᵉ éd. (1ᵉʳᵉ éd. 1981 Seuil).

L'intérêt de l'ouvrage plus modeste que constitue *La parole humiliée*, entre réflexion sociologique et théologique, me semble tenir au fait qu'on y trouve l'un des fondements de sa critique : Ellul y situe l'image et la parole dans leur rapport. L'image se voit, elle a un format, normalisé ou non, que l'on sait parfaitement mesurer et dès lors aussi reproduire à l'identique, on peut la posséder, elle est caractéristique de la société technicienne qui peut agir sur elle comme bon lui semble[1]. La parole s'entend, elle passe, sa reproduction est toujours difficile parce qu'elle est non persistante, elle ne se mesure qu'indirectement à travers la durée de son déploiement dans le temps, elle caractérise plutôt la société « spirituelle », celle de l'échange.

La technique est aujourd'hui divinisée, je devrais écrire idolâtrée. Son pouvoir d'orientation des consciences et des comportements est considérable. En tous domaines : médical, éthique, économique, climatologique… Elle est la principale pourvoyeuse d'une illusion, toujours liée au chiffre et à la mesure, celle d'être infinie parce qu'elle offrirait toujours, ou finirait par offrir une solution à n'importe quel problème. « « Les hommes doivent en priorité se « désaliéner » de la technique et démythifier les fausses valeurs qu'elle charrie, en premier lieu le travail et surtout « l'idéologie du bonheur »[2].

Nous succombons tous à l'illusion technique et à ses conséquences : dans l'achat d'un ordinateur ou d'un smartphone, dans la confiance vaine en un traitement médical, dans le temps que nous prenons ou ne prenons pas, dans des angoisses dont nous avons du mal à comprendre l'origine et que nous ne maîtrisons pas etc.

---

[1] Ce que certains découvrent subitement dans des publications en ligne, où l'on ne se contente pas de « retoucher » les images, mais d'en présenter certaines qui n'ont aucun rapport avec le sujet abordé pour créer de l'émotion et capter l'attention.

[2] *Wikipedia*, art. Ellul, extrait d'un de ses ouvrages.

Cette technique nous mène sur des chemins que nous n'aurions peut-être pas choisis spontanément et qui, souvent, nous éloignent de nous-mêmes. Parce qu'elle écarte toute référence à la gratuité divine de notre horizon.

L'ÉVICTION DE DIEU

Je viens d'évoquer la dimension idolâtrique de la technique, un point qui n'est pas toujours suffisamment souligné : elle est pourtant au cœur de cette société prométhéenne ou narcissique qui nous est proposée et qui se gargarise de sa démesure. La technique a remplacé une certaine idée de Dieu, et elle propose à ses sujets d'être « comme des dieux » (Gn 3,5) : comme le serpent l'avait suggéré à Adam et Eve !

Sur cette perspective de l'éviction de Dieu, je vais me permettre de reprendre ce que j'ai déjà écrit sur mon blog *Proveritate* :

« Il importe de se rendre compte que les possibilités offertes par la technologie sont utilisées délibérément par un certain nombre de concitoyens, ou plus largement de contemporains, pour supprimer toute référence originaire au père. Mais aussi, ce qui n'est pas assez remarqué, au Père avec un grand P, autrement dit à Dieu : l'être humain est vu comme une construction personnelle et autonome, dès son origine et tout au long de sa vie. Jusqu'à sa mort, et même au-delà.

En effet, si l'on complète la perspective en regardant non plus du côté de l'origine, mais de la fin, il est clair que le développement de l'homme non seulement réparé, mais aussi augmenté, ainsi que la recherche sur l'intelligence artificielle, sont perçus par beaucoup comme des possibilités de « mettre fin à la fin », autrement dit de dépasser la mort et d'écarter là aussi toute référence divine. Et de créer une nouvelle anthropologie. Certains gourous issus des GAFA (Google, Apple, Facebook, Amazon) ne s'en cachent d'ailleurs pas !

Au cœur des débats éthiques actuels, c'est donc bien l'immortalité de l'homme qui est recherchée. Mais avec cette spécificité ou nouveauté que cette quête se fait, ou veut se faire, sans aucune référence divine, ni du côté de la naissance, ni du côté de la mort. Ce qui ne devrait pas heurter seulement la conscience chrétienne, mais toute conscience spirituelle ! »[1].

Si j'en crois l'article *Wikipedia* déjà évoqué, Ellul me semble avoir lui aussi fortement souligné ce point dans un ouvrage inédit paru en 2014, *Théologie et technique*. Là, notre auteur proposerait « une éthique de la non-puissance » comme antidote à l'idéologie technicienne[2].

Je vois dans cette non-puissance une des formes de la gratuité, en fait une caractéristique majeure de l'être de Dieu et de sa relation aux hommes, tels que la Bible nous les présente.

UN CONSTAT À TEMPÉRER

Je vais donc maintenant présenter le « Dieu de la Bible » comme le Dieu de la gratuité, par opposition au « Dieu du monde ». Mais

---

[1]   https://proveritate.fr/2019/09/13/immortalite-defi-et-leurre-de-la-societe-technologique/

[2] *Wikipedia*, art. Ellul, note 150.

auparavant, comme je l'ai annoncé au début de ce chapitre, je voudrais offrir quelques « bémols » au rapport très sombre que je viens de proposer : car tout n'est pas complètement noir dans notre monde tel qu'il est.

Tous les lecteurs s'en seront rendu compte, ce chiffre par exemple, dont je viens de dire les errements qu'il provoque, m'a aussi plusieurs fois servi dans l'établissement de ce constat : car le chiffre contribue aussi à « déchiffrer » notre monde, et à lui apporter plus de justice. C'est moins son existence que je mets en cause que son emploi absolu et idolâtrique.

J'ai aussi souligné, en début de chapitre, que de nombreuses tentatives existaient déjà qui visaient à échapper à l'emprise de la mesure, et donc du nombre. Je ne vais pas les recenser, je voudrais juste rappeler que ces tentatives, pour boiteuses ou insuffisantes qu'elles soient, et quelles que soient leurs sources d'inspiration, dessinent des chemins d'avenir et sont les vrais moteurs du progrès humain.

À l'aune du Dieu de la Bible dont je vais parler, les initiatives les plus modestes sont essentielles. On connaît souvent les plus médiatisées : Téléthon, Restos du cœur, ou autres. Mais la visite d'un malade auprès duquel on ne « compte » pas son temps, l'accueil d'un réfugié avec tout son entretien, l'engagement dans une association qui travaille à la paix entre les peuples et les communautés, une mission de longue durée en pays pauvre, le soutien des petits auxquels on dénie trop souvent un avenir du fait de leurs « différences », et j'en passe, voilà dix, cent occasions qui existent déjà ou que l'on peut susciter de manifester que le chiffre ne saurait avoir le dernier mot.

En vérité, quand on sort du domaine de « l'économie financière » et des nombres qui l'accompagnent, quand on essaie de s'élever et de donner la priorité à « l'économie relationnelle », force est de reconnaître que c'est la faiblesse qui guide et change notre monde, dans la mesure où elle laisse toute la place à la gratuité, celle qui manifeste la présence du Dieu de la Bible. Ce qui justifiera que je propose ensuite plus loin une éthique à son image.

LA GRATUITÉ DE DIEU

LA GRATUITÉ DE DIEU DANS LES RÉCITS DE CRÉATION

L es lecteurs du livre de la Genèse sont aujourd'hui presque tous informés qu'il existe deux récits de création au début du livre :

- Le premier, très hiératique, célèbre par la scansion des jours comme par son insistance « Dieu dit… et cela fut… et Dieu vit que cela était bon », s'étend du verset 1 au verset 4a du chapitre 2.
- Le deuxième, qui prend la suite au verset 4b, et se poursuit tout au long du chapitre 3, évoque dans un style très imagé la non moins célèbre tentation d'Adam et Eve, leur chute, et leur expulsion du Paradis.

Je vais surtout m'intéresser au deuxième, en rappelant au sujet du premier qu'il développe toute une « théologie de la parole » efficiente : le péché en étant absent, la parole ne connaît aucune distance entre son énonciation et sa réalisation. Mais le second récit prend lui en considération le thème de la liberté humaine, essentiel pour évoquer la gratuité de Dieu.

LA LIBERTÉ REÇUE EN TOUTE GRATUITÉ

Avec ce chapitre 3 de la Genèse, nous sommes dans le paradoxe de cette gratuité divine : alors que Dieu fait don à l'homme de sa liberté, il en est le plus souvent aujourd'hui considéré comme l'opposant, voire le destructeur. Faire entrer Dieu en jeu dans la liberté humaine serait, de l'avis de tant de nos contemporains, nier ladite liberté : mais les tenants d'une telle position négligent totalement de prendre en compte, si l'on peut parler ainsi, la gratuité de Dieu.

J'ai déjà traité de Gn 3 dans d'autres livres, mais il s'agit d'un texte très riche, aux multiples entrées, et je le reprends donc ici sous un tout autre angle, à savoir la place et le rôle qu'y tient Dieu. Je rappelle brièvement de quoi il s'agit en Gn 3 : Adam et Ève, deux créatures intimement liées[1], jouissent paisiblement du jardin dans lequel ils se trouvent. Et voici qu'un serpent, « le plus rusé de tous les animaux », vient s'introduire dans cette intimité pour les tenter. Pour cela, il retourne une interdiction divine[2], instille un doute dans lequel s'engouffrent nos deux tourtereaux en mangeant d'un fruit défendu[3]. « La messe est dite », nos protagonistes ont enfreint l'interdit divin, ils sont à l'origine du *premier péché qui les désoriente, eux ainsi que la création* : ils se cachent et Dieu, qui est pourtant censé voir toutes choses, doit se mettre à leur recherche « Adam, où es-tu ? ». Ce qu'il ne cessera plus de faire tout au long de l'histoire divine !

Plusieurs questions se posent sur l'action de Dieu dans ce récit :

1. La première s'intéresse à l'interdiction, ou plutôt au commandement, ce qui n'est pas tout à fait pareil, posé en 2,16-17 : « tu ne mangeras pas du fruit de l'arbre de la connaissance du bien et du mal ». Dieu serait-il jaloux ? Ici, au moins deux réponses possibles qui ne s'excluent pas :
    a. Homme et femme sont au début de leur relation, mais aussi de leur vie : ils ont besoin d'être guidés

---

[1] Ce qu'exprime tout simplement le fait qu'Eve soit formée du côté d'Adam.
[2] Il transforme un mode impératif en mode interrogatif.
[3] Non pas une pomme, dont il n'est rien dit, moins encore un symbolisme sexuel tout à fait hors sujet.

dans leurs apprentissages. Le projet divin ne vise pas à interdire, mais à éduquer, dans le temps.

b. Une lecture attentive du texte conduit en outre à s'interroger sur les deux arbres ! Le récit met au premier plan le seul arbre de vie[1], témoin de de cette immortalité originelle que perdent précisément Adam et Ève après leur transgression : le signe le plus clair en est le châtiment annoncé que subirait Adam en cas de transgression, la mort (2,17). La connaissance intervient à un titre second, dans cette volonté de s'approprier la source de la vie. En bravant l'interdit, Adam et Ève manifestent qu'ils le connaissent, et qu'ils se veulent les maîtres de la vie… et donc de la connaissance du bien et du mal : faut-il souligner l'actualité de cette tentation ?

2. Continuons la lecture du récit. On ne le souligne pas assez, mais Dieu semble bien absent pendant tout l'épisode de la tentation, autrement dit des versets 1 à 7. Il avait « commencé » de s'absenter dès le verset 23 du chapitre 2, après avoir créé la femme. La tentation, et le péché qui en est la suite, ne sont donc ni l'affaire, ni la volonté de Dieu, mais seulement de l'homme dont Dieu respecte totalement la liberté.

3. Faut-il nuancer cette affirmation en rappelant que le fameux serpent est une création divine (Gn 3,1), et que Dieu aurait donc donné à l'homme la corde pour se faire pendre ? En fait, Dieu a permis la tentation, qu'il faut prendre comme une épreuve ou un test, et non pas comme un piège : l'homme est toujours libre face à elle. Jésus le montrera lorsqu'il sera lui-même tenté.

---

[1] Voir mon récent livre « Nous n'avons qu'une seule vie », Paris, Cerf, 2020, pour un commentaire plus détaillé de ce passage.

4. Mais la question rebondit : serpent ou pas, Dieu n'est-il pas à l'arrière-plan ? Sa présence ne pèse-t-elle pas sur la liberté de l'homme et de la femme ? Et c'est là qu'il faut évoquer avec force la gratuité absolue d'une telle présence : il en est d'elle comme de l'air que l'on respire, qui ne gêne en rien nos mouvements, nos élans, nos actions, et ne se fait sentir que lorsqu'il vient à manquer.

Il faut redire ici que la gratuité n'a ni poids, ni taille, ni mesure d'aucune sorte[1]. Elle ne peut donc ni peser, ni s'imposer, au mieux elle accompagne.

LA LIBERTÉ PERDUE, LA GRATUITÉ OUBLIÉE

Sitôt la transgression consommée, sitôt le péché entré dans le monde (Rm 5,12), Adam et Ève se cachent de Dieu ! Mais ce n'est là qu'un début. Plus loin, chacun refuse d'endosser la responsabilité de ses actes (Gn 3,12-13) et, plus grave, leurs enfants font de même, et se jalousent : c'est le fameux épisode de Caïn tuant son frère Abel au chapitre 4 pour une histoire d'offrande non agréée et dont Dieu aurait été comptable, alors qu'il s'agissait, je le répète, d'une « offrande ».

Dieu, qui leur a donné leur liberté, ne peut rien faire pour eux sinon, gratuitement encore, les protéger d'eux-mêmes : ce que symbolisent les tuniques de peau en 3,21, ou le « signe » de Caïn en 4,15. En

---

[1] Sinon celle d'une certaine forme de démesure, « tassée, secouée, débordante » (Lc 6,38), comme on le reverra avec Jésus.

clair, les hommes gardent la liberté dont ils jouissaient auprès de Dieu, mais elle est désormais désorientée. Ils sont livrés à eux-mêmes et à leurs instincts les plus bas, gouvernés par le péché : bienvenue dans le monde des hommes tel que nous le connaissons encore aujourd'hui !

Ainsi, aux dires des auteurs bibliques, loin de trouver sa liberté loin de Dieu, l'homme la perd par le péché et devient incapable d'une vraie gratuité. Dieu n'en persiste pas moins à lui prodiguer cette liberté qui constitue son être même.

LA GRATUITÉ DE DIEU AU CŒUR DE LA LOI

Je viens d'écrire que la gratuité est l'être même de Dieu, ce que je dis parfois d'une autre manière, dont j'espère qu'elle ne va pas choquer mes amis musulmans : ceux-ci, me dit-on, connaissent 99 noms pour Dieu, affirmant que le centième ne sera révélé qu'à la fin des temps. J'ai toujours pensé que ce centième nom pourrait bien être celui de « Gratuit ».

Je pourrais continuer mon étude en « déroulant » les livres de l'Ancien Testament, mais cela ne manquerait pas de se faire au prix de multiples répétitions. Aussi, j'ai choisi de m'en tenir sans entrer dans trop de détails fastidieux pour les non spécialistes à un seul livre, celui du Deutéronome, un livre en grande partie législatif (Deutéronome = deuxième loi), mais qui propose dans ses parties narratives la plupart des caractéristiques liées à cette thématique.

Je vais commencer par une brève présentation historico-critique de ce livre, qui justifiera le privilège que je lui accorde. Il sera temps ensuite de mettre en lumière quelques caractéristiques de l'action divine, dont on verra bien qu'elles sont liées à la gratuité de Dieu.

LE LIVRE DU DEUTÉRONOME AUJOURD'HUI

Voilà un livre qui, depuis quelques dizaines d'années, a suscité une très large réflexion exégétique et pris un poids important dans l'étude des textes de l'Ancien Testament. Après avoir été longtemps considéré comme une source parmi d'autres, le Deutéronome est maintenant vu comme une œuvre plus récente, plusieurs fois reprise, probablement exilique ou post-exilique[1] dans sa forme ultime.

Avec un vocabulaire et une théologie très unifiés[2] qui permettent de reconnaître sa « patte » dans bien d'autres livres que celui du Deutéronome, par exemple dans les livres de Josué ou de Jérémie : voilà pourquoi l'on parle volontiers du[3] Deutéronomiste, qui serait une sorte de grand réviseur. Tel est pour moi l'intérêt majeur de ce livre : il traverse plusieurs autres et « récapitule » pour une époque assez récente plusieurs thèmes clés.

Il s'en trouve un second : il semble bien avoir marqué plusieurs auteurs du Nouveau Testament si l'on s'arrête sur les échos (citations, tournures, pensée…) ou les thèmes que l'on peut y

---

[1] L'Exil est daté par les historiens de l'année 587 avant notre ère.
[2] Sur ce point, je suis marqué par le livre de Moshe Weinfeld, *Deuteronomy and the Deuteronomic School*, Oxford, 1972.
[3] J'écris « du » pour faire simple, alors même qu'il semble y avoir plusieurs auteurs.

trouver. Plusieurs de ces thèmes ont à voir avec la gratuité comme je vais tenter de le montrer maintenant.

Je considérerai surtout les parties narratives, déjà très riches, et m'arrêterai secondairement sur la partie « législative » centrale, à savoir le « code deutéronomique » de Dt 12-26.

DON ORIGINEL

Commençons avec le tout début du livre. Comment éviter le verbe qui y revient, à savoir donner ? C'est Dieu qui parle : « Le pays que je vous ai donné » (1,8), « les hommes sages et d'expérience, je vous les donnai pour chefs » (1,15), « le Seigneur ton Dieu t'a donné ce pays » (1,21) etc. Cette récurrence est très caractéristique du Deutéronome, comme le montre facilement une Concordance.

Maintenant, si l'on s'interroge sur ce que peut être la contrepartie d'un tel don, elle n'est pas indiquée dans ces premiers versets, mais plus loin, par exemple en 1,32 : « aucun d'entre vous ne crut dans le Seigneur ». C'est donc la foi qui doit s'accompagner de l'obéissance telle celle que fut seul à la manifester Caleb (1,36). Plus loin, cette obéissance sera déterminée par rapport aux commandements.

Quoi qu'il en soit, il est clair que le don précède toute intervention humaine, qu'il est a priori immérité : en cela, il est gratuit ! En fait, il est le signe et le garant de l'élection du peuple d'Israël par Dieu. Considérons justement l'élection, qui est habituellement présentée avec le verbe choisir.

Là encore, une concordance le montre à l'évidence, le verbe choisir trouve une place de choix dans le Deutéronome. Et avec Dieu pour sujet. Tantôt pour évoquer le peuple, par exemple en 7,6 : « c'est toi que le Seigneur ton Dieu a choisi pour son peuple à lui », que l'on retrouve pratiquement à l'identique en 7,7 et 14,2. Et plus souvent encore pour évoquer « le lieu », autrement dit « le temple » : « C'est seulement au lieu choisi par le Seigneur votre Dieu, entre toutes vos tribus, pour y placer son nom et l'y faire habiter, que vous viendrez pour le chercher » (12,7 et tout le chapitre 12 ; voir aussi 14,23s ; 16,2 et tout le chapitre 16 etc.).

Pourquoi cette insistance sur le lieu ? Il faut savoir que l'un des objectifs du ou des rédacteurs du Deutéronome est de réduire les lieux de culte et d'unifier ce culte à Jérusalem. Un tel choix ne dit rien de la gratuité que j'évoque. Il n'en va pas de même dans le choix, ou l'élection, du peuple.

Choisir, c'est éliminer et donc réduire : pour beaucoup d'entre nous, il s'agit donc d'une entreprise réductrice, génératrice de polémique. Pourquoi celui-ci et pas cet autre ? Qu'a-t-il fait de mieux que moi, qu'a-t-il de plus que moi ? Sans doute était-ce déjà le sentiment de Caïn face à Abel, surtout que Dieu aura « la mauvaise idée » de répéter au long de l'histoire biblique le choix « hors norme » du plus jeune au détriment de l'aîné : Jacob plutôt qu'Ésaü (Gn 25,27-34), David plutôt que ses frères (1 Sa 16,6-13) … Dans cette logique, parler d'un élu ou d'un « peuple élu » reviendrait donc à exclure, à minimiser, et l'on ne voit guère où pourrait alors se loger quelque dimension de gratuité.

Cette perception très spontanée ne correspond absolument pas à l'élection telle qu'on peut la rencontrer dans les textes bibliques, et dans les passages du Deutéronome que j'ai évoqués plus haut. Le choix a une valeur inclusive : lorsque Dieu choisit, il n'écarte pas, il ne fait pas nécessairement le choix du meilleur, il ne pratique aucun élitisme, il appelle pour une mission, il vise une inclusion large que devront porter et promouvoir les destinataires de cette élection.

Cette élection bienfaitrice, qui ne s'appuie pas sur les qualités humaines mais résulte du choix gratuit de Dieu, va se manifester tout au long de l'histoire biblique. Dans le livre du Deutéronome qui me sert d'exemple :

> *« Si le Seigneur s'est attaché à vous et vous a choisis, ce n'est pas que vous soyez le plus nombreux de tous les peuples : car vous êtes le moins nombreux d'entre tous les peuples. Mais c'est par amour pour vous et pour garder le serment juré à vos pères, que le Seigneur vous a fait sortir à main forte et t'a délivré de la maison de servitude, du pouvoir de Pharaon, roi d'Égypte »* (Dt 7,7-8). Ou encore :

> *« Ce n'est pas en raison de ta juste conduite ni de la droiture de ton cœur que tu entres en possession de leur pays, mais c'est en raison de leur perversité que le Seigneur ton Dieu dépossède ces nations à ton profit ; et c'est aussi pour tenir la parole qu'il a jurée à tes pères, Abraham, Isaac et Jacob. Sache aujourd'hui que ce n'est pas ta juste conduite qui te vaut de recevoir du Seigneur ton Dieu cet heureux pays pour domaine : car tu es un peuple à la nuque raide »* (Dt 9,5-6).

Lorsqu'on choisit de s'en remettre à Dieu dans les événements de notre vie, la puissance personnelle ne compte pas, seule la gratuité du don de Dieu et la confiance en l'élection dont on bénéficie sont efficaces. Un exemple très frappant, parmi beaucoup d'autres, se trouve dans le livre des Juges, lorsque Gédéon veut l'emporter sur

Madiân : comptant sur Dieu et non sur ses propres forces, il réduit son armée de 22.000 hommes à 300 et l'emporte facilement.

L'ALLIANCE

Je reviens maintenant au Deutéronome. Après les chapitres 2 et 3 qui évoquent la conquête du pays, plus exactement le don que Dieu fait au peuple du pays où il va s'installer, se pose la question des modalités de vie : le rédacteur en vient donc à évoquer les « lois et les coutumes »[1] que le peuple est tenu d'observer, autrement dit de « mettre en pratique » (4,1). J'avais évoqué ce point plus haut, qui semble dénier toute gratuité puisque l'observance se pose en contrepartie ! Regardons-y de plus près.

Comme l'indique Dt 4,13 : « Il vous révéla son alliance, qu'il vous ordonna de mettre en pratique, les dix paroles qu'il inscrivit sur deux tables de pierre », cette contrepartie est une dimension de l'alliance que Dieu a établie avec ce peuple qu'il s'est choisi. À l'évidence, elle est très « déséquilibrée », et c'est d'ailleurs à l'initiative de Dieu qu'elle est proposée : quel homme aurait pu penser faire alliance avec un dieu ? Et plus encore avec Dieu, le créateur qui domine la terre et les cieux ?

L'alliance est donc elle aussi un don gratuit en soi. Mais pour qu'elle soit une véritable alliance, et non pas une aumône faite de haut, il est nécessaire d'élever le récepteur, l'homme, au niveau du donateur, Dieu, autant que faire se peut : vue sous cet angle, la contrepartie,

---

[1] L'expression revient 17 fois dans le Deutéronome : tout au long du chapitre 4, mais aussi en 5,1.31 ; 6,1.20 ; 7,11 ; 8,11 etc.

qui n'exige rien d'autre de l'homme que de mettre en œuvre ce pour quoi il est réellement fait, est-elle aussi une faveur. Elle lui offre un guide dans sa vie ! Elle veut lui éviter de retomber dans le péché d'Adam. Telle est bien l'opinion du Deutéronomiste : « Ah ! si leur cœur pouvait toujours être ainsi, pour me craindre et garder mes commandements en sorte qu'ils soient heureux à jamais, eux et leurs fils » (5,29).

Cette observance est grosse de promesses très heureuses, parmi lesquelles je vais évoquer la fécondité et le pardon.

LA FÉCONDITÉ

Le thème de la fécondité s'exprime dans la Bible à deux niveaux au moins :

- Fécondité biologique, au travers de la descendance humaine,
- Fécondité matérielle, dans le domaine de la vie quotidienne, par exemple à travers les récoltes etc.

Le premier niveau se rencontre déjà au tout début du livre de la Genèse, mais il se poursuit tout au long : il revient à plusieurs reprises, comme une invitation adressée tantôt aux hommes (1,28 ; 9,1.7 ; 17,6.20…), tantôt aux animaux (Gn 1,22 ; 8,15…). Cette fécondité serait-elle de leur seul ressort ? En fait, pour les rédacteurs bibliques, si l'homme ou l'animal en sont les instruments, l'origine en est divine : c'est Dieu qui rend fécond ou qui, à l'inverse, stérilise.

Dans le Deutéronome, on retrouve la fécondité biologique dès le premier chapitre : « Le Seigneur votre Dieu vous a multipliés et vous voici nombreux comme les étoiles du ciel. Le Seigneur Dieu de vos pères vous multipliera mille fois autant et vous bénira comme il vous l'a dit ! » (v. 10-11). Mais la fécondité matérielle apparaît un peu plus loin, au chapitre 2 : « Le Seigneur ton Dieu t'a béni en toutes tes actions ; il a veillé sur ta marche à travers ce grand désert. Voici 40 ans que le Seigneur ton Dieu est avec toi sans que tu ne manques de rien. » (v. 7). Et comment alors ne pas penser au don de la manne (Dt 8,3-16) ?

Cette fécondité, cette surabondance, qui a toujours Dieu pour origine est de l'ordre de ce don évoqué plus haut, et elle en exprime le caractère non mesurable ! Car Dieu n'est mesuré par rien, et le don qu'il fait à l'homme est la mesure non mesurable de la vraie gratuité.

Qu'on le veuille ou non, la vie est un don gratuit de Dieu et le restera toujours.

FAUTE, CHÂTIMENT ET PARDON

Un Dieu qui donne sans compter parce que tel est son être, n'est-ce pas un « Dieu mou », sans aucune « colonne vertébrale » ? Et surtout, est-ce encore un Dieu juste face à tous les innocents massacrés, face à tous les bourreaux de la terre ? La gratuité ne se transforme-t-elle pas en lâcheté ? Il faut donc évoquer la double facette de Dieu, un Dieu qui fait justice et punit le cas échéant, et un Dieu qui pardonne.

L'Exode et le Deutéronome le rappellent à plusieurs reprises : Israël est un peuple à la nuque raide (Ex 32,9 ; 33,3.5 ; Dt 9,6.13). Loin donc d'obéir à Dieu et de répondre à son attente, de se conformer à ses commandements, de rester dans le cadre de son alliance, il ne cesse de le contrarier et de s'éloigner de lui : c'est ce que lui reprochent les prophètes. Parmi les innombrables témoignages qu'il serait possible de rapporter, voici celui de Jr 12,7-8 :

> « *J'ai abandonné ma maison, quitté mon héritage ; ce que je chérissais, je l'ai livré aux mains de ses ennemis. Mon héritage s'est comporté envers moi comme un lion de la brousse, il a poussé contre moi ses rugissements, aussi l'ai-je pris en aversion* » ;

ou encore Is 5,25 :

> « *C'est pourquoi la colère du Seigneur s'est enflammée contre son peuple ; il a levé la main contre lui pour le frapper, les montagnes ont tremblé, et les cadavres sont comme des ordures au milieu des rues. Avec tout cela la colère du Seigneur ne s'est pas calmée, sa main reste levée* ».

Doit-on en rester là, et présenter le Dieu de la Bible comme un Dieu vengeur, semant les cadavres derrière lui ? Certains l'ont pensé au début du christianisme, et ont souhaité rejeter le Dieu guerrier de l'Ancien Testament. Cela ne correspond en rien à l'ensemble des textes que nous possédons et qui montrent deux réalités :

1. Le Seigneur est invoqué comme le Dieu qui pardonne,
2. et il se manifeste comme tel.

Sur le premier point, comment ne pas penser à une magnifique prière attribuée à Salomon (1 R 8,30-53), alors qu'il se tient dans le Temple nouvellement construit. En voici un extrait :

*« Écoute la supplication de ton serviteur et de ton peuple Israël
lorsqu'ils prieront en ce lieu. Toi, écoute du lieu où tu résides, au ciel,
écoute et pardonne.*

*Supposé qu'un homme pèche contre son prochain et que celui-ci
prononce sur lui un serment imprécatoire et le fasse jurer devant ton
autel dans ce Temple, toi, écoute au ciel et agis ; juge entre tes serviteurs:
déclare coupable le méchant en faisant retomber sa conduite sur sa tête,
et justifie l'innocent en lui rendant selon sa justice.*

*Quand ton peuple Israël sera battu devant l'ennemi, parce qu'il aura
péché contre toi, s'il revient à toi, loue ton Nom, prie et supplie vers toi
dans ce Temple, toi, écoute au ciel, pardonne le péché de ton peuple
Israël et ramène-le dans le pays que tu as donné à ses pères.*

*Quand le ciel sera fermé et qu'il n'y aura pas de pluie parce qu'ils
auront péché contre toi, s'ils prient en ce lieu, louent ton Nom et se
repentent de leur péché, parce que tu les auras humiliés, toi, écoute au
ciel, pardonne le péché de ton serviteur et de ton peuple Israël -- tu leur
indiqueras la bonne voie qu'ils doivent suivre -- et arrose de pluie ta
terre, que tu as donnée en héritage à ton peuple »* (v. 30-36).

Sur le deuxième point, la réalité de ce pardon, voici un passage du
prophète Isaïe :

*« Oui, le Seigneur aura pitié de Jacob, il choisira de nouveau Israël. Il
les réinstallera sur leur sol. L'étranger se joindra à eux pour s'associer
à la maison de Jacob. Des peuples les prendront et les ramèneront chez
eux. La maison d'Israël les assujettira sur le sol du Seigneur, pour en
faire des esclaves et des servantes. Ils asserviront ceux qui les avaient
asservis, ils maîtriseront leurs oppresseurs »* (Is 14,1-2).

La thématique « faute, châtiment, pardon » constitue le cœur du
livre du Deutéronome, comme son rythme profond. En voici un
exemple en Dt 4,25-31 :

Lorsque tu auras engendré des enfants et des petits-enfants et que vous aurez vieilli dans le pays, quand vous vous serez pervertis, que vous aurez fabriqué quelque image sculptée, fait ce qui est mal aux yeux du Seigneur ton Dieu de manière à l'irriter, je prends aujourd'hui à témoin contre vous les cieux et la terre : vous devrez promptement disparaître de ce pays dont vous allez prendre possession en passant le Jourdain. Vous n'y prolongerez pas vos jours, car vous serez bel et bien anéantis. Le Seigneur vous dispersera parmi les peuples, et il ne restera de vous qu'un petit nombre, au milieu des nations où le Seigneur vous aura conduits. Vous y servirez des dieux faits de main d'homme, du bois et de la pierre incapables de voir et d'entendre, de manger et de sentir.

De là-bas, tu rechercheras le Seigneur ton Dieu, et tu le trouveras si tu le cherches de tout ton cœur et de toute ton âme. Dans ta détresse, toutes ces paroles t'atteindront, mais à la fin des temps tu reviendras au Seigneur ton Dieu et tu écouteras sa voix ; car le Seigneur ton Dieu est un Dieu miséricordieux qui ne t'abandonnera ni ne te détruira, et qui n'oubliera pas l'alliance qu'il a conclue par serment avec tes pères.

Quelle est donc la raison profonde de cette fidélité miséricordieuse, qui l'emporte finalement sur la faute et le châtiment ? L'auteur la suggère : Dieu n'oubliera pas son alliance. Il ne le peut parce qu'il est le « Dieu fidèle » (Dt 7,9 ; 32,4).

Ce pardon n'est aucunement dû aux mérites du peuple, ni même à sa repentance pourtant nécessaire, il n'est pas « conditionné » : il est gratuit, l'un des signes majeurs de l'être même de Dieu.

Ce rapide survol du Deutéronome et de quelques autres passages bibliques ne dit pas tout de la gratuité dans le cadre du corpus biblique vétérotestamentaire. Mais il me semble suffisamment éloquent, et je me propose maintenant de franchir les textes et les siècles pour arriver à la personne de Jésus, qui est sans doute le plus bel exemple de la gratuité divine.

LA GRATUITÉ DANS LA VIE DE JÉSUS

LES MARQUES INDIRECTES DE LA GRATUITÉ

Quels textes choisir pour cet aperçu sur les attitudes ? Quand on sait que les évangiles de Matthieu ou de Jean donnent une très large place aux discours de Jésus, on est donc plutôt tenté de se jeter sur les évangiles de Marc ou Luc. Mais j'ai voulu braver la difficulté, et j'ai choisi de m'arrêter sur le début de l'évangile de Matthieu, où la moisson se révèle plus importante que prévue.

LA NAISSANCE DE JÉSUS

Peut-on parler ici d'une « attitude de Jésus » ? Ne faut-il pas y voir plutôt celles de Marie et de Joseph, qui entrent en scène à partir de 1,18 ? En outre, cette naissance étant si particulière, et si discutée parmi les commentateurs, ne faut-il pas rester discret à son sujet ?

Mais ce qui m'intéresse ici n'est pas tant le fait lui-même, quel qu'il ait été, mais la volonté de l'évangéliste de manifester que cette naissance est un cadeau de Dieu à qui revient toute l'initiative. Marie et Joseph font des projets, mais l'Ange du Seigneur – une manière classique d'évoquer Dieu lui-même – vient leur donner une direction imprévue. Et il invite Marie et Joseph à collaborer : ce qu'ils font dès le début, et referont ensuite en apprenant le dessein monstrueux d'Hérode (2,13).

Pour certains lecteurs, cette intervention divine ne peut être vue comme gratuite, parce qu'elle force la main des protagonistes. D'ailleurs, si elle sauve la vie de Jésus, elle n'empêche pas le massacre des innocents (2,16) et a donc un « coût » … Mais il me semble que cette question nous fait entrer dans le vif du sujet en manifestant que la gratuité divine ne parvient à se forger une place dans notre monde qu'au prix de l'acquiescement de certains, mais aussi de réactions violentes de nombreux autres : ce que l'on verra à nouveau au moment de la crucifixion de Jésus !

En fait, la gratuité est antagoniste du monde tel que nous le connaissons, et celui-ci cherche à toutes forces à s'en protéger.

LE BAPTÊME DE JÉSUS

L'épisode qui vient immédiatement après chez saint Matthieu est celui du baptême de Jésus par Jean-Baptiste. Ce baptême est un engagement à la conversion, en particulier dans la vie quotidienne. Pour reprendre les termes du Baptiste, il s'agit « d'un baptême d'eau en vue du repentir » (3,8.11).

Pour le disciple de Jésus, hier et aujourd'hui, fort de cette conviction que Jésus est sans péché (He 4,15) et agit toujours droitement, il est clair que Jésus n'avait aucune raison personnelle de se présenter à ce baptême : ce qu'il fait pourtant, et ce dont s'étonne Jean-Baptiste (3,14).

La réponse de Jésus ne manque pas d'intriguer :

« Laisse faire pour l'instant : car c'est ainsi qu'il nous convient d'accomplir toute justice » (3,15)

Cette affirmation est propre à Matthieu : pour Marc et Luc, ce baptême est l'occasion d'une manifestation divine de reconnaissance de la divinité de Jésus. Restons-en à Matthieu et sa thématique de l'accomplissement : l'évangéliste en fait ses choux-gras, tout comme Luc, mais il la fonde habituellement et résolument sur les Écritures. Ce sont elles qui s'accomplissent, sauf ici, puisqu'il ne s'agit pas d'accomplir tel oracle prophétique, mais « toute justice ».

Quand on sait que Matthieu est juif, parlant à des juifs attachés à leurs traditions, et donc à la recherche de la justification, il est loisible de penser que la périphrase « accomplir toute justice » signifie pour Jésus aller jusqu'au bout de la mission dont le baptême représente une étape essentielle. Pourquoi ? Parce qu'il constitue en fait un geste prophétique, un abaissement par lequel Jésus confirme sa mission de justifier tous les hommes, en prenant sur lui leurs péchés.

Non, bien sûr, Jésus n'était pas tenu de se présenter au baptême de Jean, mais il le fait volontairement, au début de sa mission, pour donner tout son sens à celle-ci. Une fois encore, il s'agit d'un geste de gratuité qui déroute, mais qui vient éclairer une réalité humaine.

LES MARQUES DIRECTES DE LA GRATUITÉ

LA PRIÈRE

Je ne vais pas m'arrêter longuement sur ce point, sur lequel je reviendrai plus loin en évoquant l'éthique de la gratuité.

C'est une banalité de le noter, et tout autant de l'écrire, Jésus priait. Bien plus, il a voulu apprendre à ses disciples à prier. Avec cette caractéristique de sa prière qu'elle était tournée vers Dieu qu'il appelait son Père, dont il était sûr d'être écouté. Il priait, nous disent les évangélistes, surtout la nuit, et à l'écart, « dans le secret » (Mt 6,6). Les exemples abondent, en particulier, mais pas seulement, chez saint Luc :

> *« Jésus se tenait retiré dans les déserts et priait »* (Lc 5,16).

> *« Jésus s'éloigna de ses disciples d'environ un jet de pierre et, fléchissant les genoux, il priait en disant : Père... »* (Lc 22,41).

> *« Vous donc, priez ainsi : Notre Père qui est dans les cieux... »* (Mt 6,9) etc.

La question que l'on peut se poser ici est la suivante : pourquoi Jésus priait-il ? En quoi en avait-il besoin ? La réponse que l'on est tenté de donner est la suivante, qui sauverait la gratuité de sa prière : il ne priait pas pour lui, mais pour les autres. Ce qui est souvent vrai. Et pourtant, n'a-t-il pas prié pour lui au moment de sa Passion :

« Étant allé un peu plus loin, il tomba face contre terre en faisant cette prière : "Mon Père, s'il est possible, que cette coupe passe loin de moi ! Cependant, non pas comme je veux, mais comme tu veux." » (Mt 26,39).

Une meilleure réponse, qui ne fait que reprendre le Notre Père, est donc plutôt que, par sa prière, Jésus veillait sans cesse à vivre et mettre en œuvre la volonté de son Père. Et donc à rester dans le chemin de gratuité que son Père lui avait tracé. Rien d'autre finalement que ce que confessait un homme modeste au curé d'Ars qui le voyait prier et l'interrogeait sur le contenu de sa prière : « Je L'avise et Il m'avise ».

Prier est certainement une des formes majeures de la gratuité.

LES TENTATIONS DE JÉSUS

Avec le chapitre 4 de Matthieu, nous arrivons à l'épisode des Tentations, auquel l'évangéliste consacre 11 versets. On a beaucoup écrit sur ces Tentations, en particulier sur leur valeur symbolique, sur les recours de Satan et de Jésus à l'Écriture … Je les regarde ici toujours sous l'angle de la gratuité.

Qu'est-ce qui caractérise l'attitude du Satan ? Tout simplement ceci : chaque tentation proposée a une finalité intéressée, qu'il s'agisse de nourriture, de la maîtrise de la parole de Dieu ou de la puissance terrestre. Il est sûr que nous sommes ici dans « l'anti-gratuité », à laquelle Jésus ne succombe absolument pas, à la différence de ses grands ancêtres Adam et Eve lorsque ceux-ci furent confrontés au même genre de tentation.

Aux manipulations bibliques auxquelles se livre Satan, Jésus répond par d'autres références bibliques droitement lues. Et qui manifestent la totale gratuité de sa mission.

L'APPEL DES DISCIPLES

On ne saura jamais exactement ce qui a pu guider le choix de Jésus pour tel ou tel disciple, en particulier Judas ! Certains diront « erreur de casting ». Peut-être, mais la vie de Judas ne se résume sans doute pas à sa trahison finale et on peut trouver une dimension de gratuité dans ce choix.

Quoi qu'il en soit, en dehors de cet appel, la gratuité se trouve sans doute, selon la présentation qu'en fait l'évangéliste, du côté des disciples qui n'hésitent pas à abandonner leurs activités et leurs familles pour suivre Jésus et parcourir avec lui la Galilée (4,23). Qu'est-ce qui les pousse sur un tel chemin ? Certainement pas l'appât d'un gain inexistant. Aux chapitres 7 et 21 de son évangile, Matthieu soulignera, ce qui est très vraisemblable, « l'autorité de la parole » de Jésus. Il reste que ces disciples partent « à l'aventure », sur un chemin non prévu d'avance et qu'ils découvriront au fil du temps.

Même si on les verra se disputer les meilleures places, sur terre et plus encore au ciel, même s'ils peineront à suivre Jésus jusque sur sa croix, on peut dire que l'engagement des disciples s'inscrit comme un appel à la gratuité.

Les guérisons opérées par Jésus sont nombreuses, et souvent troublantes pour les commentateurs contemporains : même si beaucoup d'entre elles sont interprétables autrement que ne le font les évangélistes, dans un cadre plus scientifique, il en reste qui échappe aux esprits cartésiens.

Dans la fin de ce chapitre 4, elles ne sont pas détaillées comme certaines le seront plus loin, par exemple au chapitre 8. Pour beaucoup d'entre elles, la foi au Dieu sauveur ne paraît pas toujours requise. Et comme aucun détail n'est donné, on peut avoir l'impression de « guérisons en chaîne » !

On sait d'ailleurs qu'il existait à l'époque de Jésus des guérisseurs qui faisaient aussi bien que lui, sinon mieux[1] : faut-il donc considérer Jésus simplement comme l'un d'entre eux ? Deux observations doivent être faites :

1. Si en Matthieu 4,23-24, Jésus semble faire, comme je viens de l'écrire, des « guérisons à la chaîne », il s'agit sans doute plus ici d'une manière de parler que d'une réalité : Matthieu, qui soulignera la force de la parole de Jésus, tient aussi à proclamer la force de son action.
2. L'évangile de Matthieu est finalement relativement pauvre en « guérisons détaillées », à la différence de l'évangile de Marc. Au-delà de ces deux évangélistes, il reste que le nombre des guérisons opérées par Jésus dans les quatre évangiles se compte autour de la trentaine : ce n'est pas

---

[1] Par exemple, Honi le Traceur de Cercle et R. Hanina ben Dosa présentés en ligne par Simon Mimouni, https://www.mondedelabible.com/quelques-figures-de-guerisseurs-dans-le-monde-judeen-du-ier-siecle/.

insignifiant, bien sûr, mais c'est tout de même assez peu. Surtout en regard de tous ceux qui attendent d'être guéris.

Ce qui confirme que ces guérisons sont des signes donnés à la foi, celle des solliciteurs ou celle des personnes environnantes (Lc 5,17-26), et qu'elles ont un caractère d'absolue gratuité.

L'ABANDON À LA PROVIDENCE

Le passage à considérer ici est Mt 6,25-34, et il est partagé sur le fond avec Lc 12,22-31. Voici le texte :

> « *25 Ne vous inquiétez pas pour votre vie de ce que vous mangerez, ni pour votre corps de quoi vous le vêtirez. La vie n'est-elle pas plus que la nourriture, et le corps plus que le vêtement ? 26 Regardez les oiseaux du ciel : ils ne sèment ni ne moissonnent, ils n'amassent point dans des greniers ; et votre Père céleste les nourrit ! Ne valez-vous pas beaucoup plus qu'eux ? 27 Et qui d'entre vous peut, par son inquiétude, prolonger tant soit peu son existence ? 28 Et du vêtement, pourquoi vous inquiéter ? Observez les lis des champs, comme ils croissent : ils ne peinent ni ne filent, 29 et je vous le dis, Salomon lui-même, dans toute sa gloire, n'a jamais été vêtu comme l'un d'eux ! 30 Si Dieu habille ainsi l'herbe des champs, qui est là aujourd'hui et qui demain sera jetée au feu, ne fera-t-il pas bien plus pour vous, gens de peu de foi ! 31 Ne vous inquiétez donc pas, en disant : Qu'allons-nous manger ? qu'allons-nous boire ? de quoi allons-nous nous vêtir ? 32 -tout cela, les païens le recherchent sans répit, il sait bien, votre Père céleste, que vous avez besoin de toutes ces choses. 33 Cherchez d'abord le Royaume et la justice de Dieu, et tout cela vous sera donné par surcroît. 34 Ne*

vous inquiétez donc pas pour le lendemain : le lendemain s'inquiétera de lui-même. À chaque jour suffit sa peine ».

Nourriture et vêtement sont deux des requêtes de base de toute vie humaine, et elles sont pour une part à l'origine du travail, du moins lorsque ce travail ne vise pas à « amasser ». Jésus ferait-il la part belle à l'oisiveté ? Non, la question est bien celle de l'inquiétude, thématique des versets 25.31.34, dont l'original grec peut être aussi traduit par « soin », ou « préoccupation ».

C'est bien le cœur de toute vie humaine qui est évoqué. En soulignant que ce soin de toute vie humaine ressort de l'attention du Père des cieux, Jésus n'invite pas à l'oisiveté ou au désintérêt, mais à la confiance en un Dieu provident, autrement dit qui pré-voit et pour-voit. Gratuitement. Parce qu'il est un Père, selon l'appellation donnée à deux reprises dans le passage.

LES REPAS AVEC LES PÉCHEURS

Que de repas dans la Bible, Ancien comme Nouveau Testament. Jésus ne déroge pas à la tradition, au point qu'on l'a parfois considéré comme un profiteur qui se goinfre : « Vient le Fils de l'homme, mangeant et buvant, et l'on dit : Voilà un glouton et un ivrogne… » (Mt 11,19). Je ne vais pas faire le compte des repas évoqués et de leurs circonstances, mais m'arrêter sur celui évoqué au chapitre 9 :

> *« 10 Comme il était à table dans la maison, voici que beaucoup de publicains et de pécheurs vinrent se mettre à table avec Jésus et ses disciples. 11 Ce qu'ayant vu, les Pharisiens disaient à ses disciples :*

"Pourquoi votre maître mange-t-il avec les publicains et les pécheurs ?" **12** *Mais lui, qui avait entendu, dit : "Ce ne sont pas les gens bien portants qui ont besoin de médecin, mais les malades.* **13** *Allez donc apprendre ce que signifie : C'est la miséricorde que je veux, et non le sacrifice. En effet, je ne suis pas venu appeler les justes, mais les pécheurs. »*

Dans ce passage, comme dans beaucoup d'autres, l'audace de Jésus n'est évidemment de prendre place à table, mais à une table de publicains et de pécheurs, autrement dit et, en simplifiant, de gens qui trafiquent dans des histoires d'argent pour le plus grand profit de l'envahisseur romain et le leur.

Quand on sait combien la pureté est une partie importante de la tradition juive, ou en tout cas de ses observateurs les plus zélés, l'indifférence que montre Jésus par rapport à aux exigences de pureté de la loi juive est choquante. Mais elle est essentielle pour lui qui veut manifester l'universalité de l'appel au Royaume et donc du don de Dieu : refuser de le limiter pour des considérations de personnes, n'est-ce pas là encore un signe de liberté et de gratuité ?

LA MULTIPLICATION DES PAINS

Faut-il dire la ou les multiplications pains ? Non seulement les quatre évangiles synoptiques présentent un tel épisode, mais l'évangile de Jean le fait aussi ; en outre, chez Matthieu (Mt 14,14-21 et 15,32-38) comme chez Marc (Mc 6,34-44 et 8,1-9), il existe deux récits de multiplication des pains. Faut-il dire deux événements ? Je ne vais pas rentrer dans ce débat, qui se conclut le plus souvent par la reconnaissance d'un seul événement, mais interprété de deux manières différentes : l'une, avec les chiffres symboliques cinq, deux, et douze plutôt en direction du peuple juif, l'autre avec le chiffre symbolique sept, plutôt en direction des païens.

Ce que j'en retiens, et cela quelle que soit la version de l'événement, est une thématique déjà rencontrée, à savoir la surabondance du don divin, qui va bien au-delà de ce qu'exigeait le nombre de personnes présentes : « ils mangèrent tous et furent rassasiés » (Mt 14,20 et 15,37). Alors qu'en cet endroit désert dont il est question, ils auraient pu et dû s'attendre à se contenter du minimum.

Cette « largesse alimentaire », autrement dit de ce qui est nécessaire à la vie, et qui se révèle inépuisable, ne peut être exigée : elle est gratuitement donnée et procède de l'être même de Dieu.

LA MORT DE JÉSUS SUR LA CROIX

Avec cet événement central de la foi chrétienne, je devrais noircir des pages sur le sujet. Mais je vais me contenter de montrer comment cette mort représente le sommet de la gratuité en acte. En parlant ainsi, je fais écho à la fameuse question de l'*acte gratuit*, que des romanciers ont tenté d'approcher sans parvenir à le singulariser : et pour cause, il n'existe à mon sens aucun autre acte gratuit dans le monde que la mort de Jésus sur la croix.

La gratuité n'est pas de notre monde, elle en est la contradiction depuis le péché des origines. Pour qu'elle y trouve quand même une place absolue, il faut n'avoir eu aucun contact avec ce péché qui fausse tout ! Or tel est bien le cas de Jésus pour les chrétiens, et tout particulièrement dans le don qu'il fait de lui-même sur la croix. Bien sûr, j'y reviendrai plus loin, tout acte de générosité, toute charité vécue avec intensité, parce qu'ils s'opposent au péché, permettent aussi d'approcher la gratuité, mais de manière au mieux asymptotique, sans jamais la rencontrer vraiment.

En vérité, Jésus n'a en rien mérité son jugement et sa condamnation : on pourrait dire, avec les mots d'aujourd'hui, qu'il est mis à mort juste pour « délit d'opinion », pour s'être présenté comme fils de Dieu en appelant Dieu son Père. Aux dires de Luc, l'un des brigands crucifiés à ses côtés l'a d'ailleurs reconnu : « Pour nous, c'est justice, nous payons nos actes ; mais lui n'a rien fait de mal » (Lc 23,41). Non seulement il n'a rien fait de mal, mais il n'a aucun lien avec ce mal, pas plus dans ses actes que dans ses paroles.

Mais avant d'en venir là, je souhaite répondre à une question que certains se sont posés et continueront de se poser : « pourquoi cette mort sur la croix ? Jésus ne pouvait-il sauver le monde autrement ? ». En réalité, Jésus n'a pas choisi cette mort, pas plus que son Père ne l'a voulue pour lui : Jésus a choisi l'obéissance au Père, au rebours de ce qu'ont vécu Adam et Eve. Une obéissance qui prend à revers le péché, lequel se lance dans un combat désespéré pour « reprendre la main ». La crucifixion est un aspect de ce combat, dont la raison profonde échappe à presque tous les protagonistes. D'où la remarque de Jésus : « Père pardonne-leur : ils ne savent pas ce qu'ils font » (Lc 23,34).

Venons-en aux paroles de Jésus, qui sont le plus souvent des « paraboles » : littéralement, « ce qui est jeté de côté », ce qui contourne, suggère, ouvre, mais n'impose pas.

LA GRATUITÉ DANS LES PAROLES DE JÉSUS

Autant que par les actes, Jésus a plaidé par la parole en faveur de la gratuité, en particulier dans les paraboles. On a ici l'embarras du choix au niveau des quatre évangiles, mais, avant de considérer tel ou tel texte, je voudrais m'arrêter sur les Béatitudes dans la mesure où elles représentent en quelque sorte le « programme de Jésus » : elles sont présentées au chapitre 5 de Matthieu ou au chapitre 6 de Luc.

LES BÉATITUDES, OU LES « VALEURS » HUMAINES INVERSÉES

Les Béatitudes n'ont pas tout à fait le même contenu chez Matthieu et chez Luc : ce dernier propose tout à la fois des bénédictions et… des malédictions pour lesquelles il sera toujours difficile de parler de gratuité ! Certes, mais sans vouloir me lancer dans une exégèse détaillée hors de propos, il me semble important de rappeler que la tradition biblique offre de multiples exemples d'affirmations que leur contraire vient renforcer : il s'agit là d'une caractéristique de la tradition orale. En d'autres termes, et pour faire court, le commentateur est invité à s'intéresser en priorité à la partie positive qui représente le vrai cœur du message : en l'occurrence, finalement, à s'appuyer sur les Béatitudes telles que Matthieu nous les présente.

> « *Heureux ceux qui ont une âme de pauvre, car le Royaume des Cieux est à eux.*
> *Heureux les doux, car ils posséderont la terre.*
> *Heureux les affligés, car ils seront consolés.*
> *Heureux les affamés et assoiffés de la justice, car ils seront rassasiés.*
> *Heureux les miséricordieux, car ils obtiendront miséricorde.*

Heureux les cœurs purs, car ils verront Dieu.
Heureux les artisans de paix, car ils seront appelés fils de Dieu.
Heureux les persécutés pour la justice, car le Royaume des Cieux est à
eux »

À l'exception peut-être des doux, des cœurs purs et des artisans de paix, il est patent que ces invocations font la part belle à ceux que notre monde habituellement dédaigne ou méprise, voire prend à parti : Jésus propose à ses disciples de vivre l'inversion des valeurs mondaines. C'est a priori un programme de perdant ! Qui ne garantit aucune récompense immédiate ou claire : la récompense est rejetée dans un futur très incertain, et la plus immédiate, à savoir le Royaume des cieux, offre un contenu difficilement définissable.

Les commentateurs n'ont pas manqué de remarquer que seul Jésus remplissait toutes les conditions de ce programme que l'on peut qualifier de « parcours du combattant ». À coup sûr, de mon point de vue, un programme de gratuité : on ne peut mesurer la douceur, l'affliction, la miséricorde, la soif de justice, et toutes ces qualités de cœur que Jésus invite ses disciples à déployer. Ce programme se développe ensuite dans plusieurs paraboles de l'évangile : chez Matthieu, on les rencontre à partir du chapitre 13. Mais avant d'y venir, je voudrais dire faire un petit arrêt sur la « loi du talion ».

LE DÉPASSEMENT DE LA LOI DU TALION

Cette loi est évoquée par Jésus en Mt 5,38-42. Je rappelle ce texte :

> **38** *"Vous avez entendu qu'il a été dit : œil pour œil et dent pour dent.*
> **39** *Eh bien! moi je vous dis de ne pas tenir tête au méchant : au*

*contraire, quelqu'un te donne-t-il un soufflet sur la joue droite, tends-lui encore l'autre ; **40** veut-il te faire un procès et prendre ta tunique, laisse-lui même ton manteau ; **41** te requiert-il pour une course d'un mille, fais-en deux avec lui. **42** A qui te demande, donne; à qui veut t'emprunter, ne tourne pas le dos.*

Ne pas tenir tête au méchant, tendre la joue gauche après avoir été frappé sur la joue droite (v. 39), est-ce bien le meilleur moyen d'arrêter les coups ?

À quoi l'on peut répondre au moins deux choses sur des plans différents :

1. Répondre, à la manière de l'antique loi du talion, par un geste équivalent à l'attaque reçue, pratiquer ce que j'appelle la réponse symétrique ou le jeu de ping-pong, est le plus sûr moyen de créer un enchaînement mortifère.

2. La réponse dissymétrique, qui fait droit à la gratuité et à la vie, est celle de Dieu puis de Jésus : bien sûr, la dissymétrie en question ne consiste pas à en rajouter sur l'attaque reçue, mais à répondre au mal par le bien. Cette attitude est divine à l'origine, elle est celle du Dieu fidèle à sa parole et à son alliance : lorsque Dieu donne, il ne reprend pas, au contraire, il donne plus, et le pardon en est le plus merveilleux exemple.

LA PARABOLE DU SEMEUR

Cette parabole s'étend sur 23 versets, au début du chapitre 13 : il serait trop long de la détailler. Mais je note qu'elle fait immédiatement suite à une remarque de l'évangéliste : « il *leur* parla de beaucoup de choses en paraboles », *leur* désignant la foule. Ce n'est sans doute pas une banale introduction, puisque la question du pourquoi des paraboles est reprise plus loin, de manière assez énigmatique, et il est important ici de citer le texte :

> « ***10*** *Les disciples s'approchant lui dirent :* « *Pourquoi leur parles-tu en paraboles* » --
> ***11*** « *C'est que, répondit-il, à vous il a été donné de connaître les mystères du Royaume des Cieux, tandis qu'à ces gens-là cela n'a pas été donné.* ***12*** *Car celui qui a, on lui donnera et il aura du surplus, mais celui qui n'a pas, même ce qu'il a lui sera enlevé.* ***13*** *C'est pour cela que je leur parle en paraboles: parce qu'ils voient sans voir et entendent sans entendre ni comprendre.* ***14*** *Ainsi s'accomplit pour eux la prophétie d'Isaïe qui disait : Vous aurez beau entendre, vous ne comprendrez pas ; vous aurez beau regarder, vous ne verrez pas.* ***15*** *C'est que l'esprit de ce peuple s'est épaissi : ils se sont bouché les oreilles, ils ont fermé les yeux, de peur que leurs yeux ne voient, que leurs oreilles n'entendent, que leur esprit ne comprenne, qu'ils ne se convertissent, et que je ne les guérisse.* ***16*** « *Quant à vous, heureux vos yeux parce qu'ils voient; heureuses vos oreilles parce qu'elles entendent* ».

Que faut-il comprendre ? Que Jésus fait tout pour ne pas être compris ? Certainement pas ! Le verset 15 est très clair : ceux qui ne comprennent pas les paraboles sont ceux qui ne veulent pas les comprendre. Il faut certes faire un effort d'accueil et de « décryptage » pour aboutir à cette compréhension, mais il est la marque de la foi : le sens des paraboles, et donc plus généralement de l'enseignement de Jésus, ne s'impose pas, il se révèle à ceux qui s'ouvrent à lui, tels les disciples.

Autrement dit, en elles-mêmes et quoi qu'il en soit de leur contenu, ces paraboles sont un signe de gratuité.

Maintenant, si l'on revient au Semeur, sa caractéristique est de semer largement, comme tout semeur. C'est un geste que Jésus a dû voir faire autour de lui, mais c'est aussi un geste qu'il s'attribue : il est ce Semeur. Et le sens de la parabole est alors très précisément le même que celui que je viens d'évoquer pour les paraboles en général : le grain ne manque pas, il touche même les sols les moins favorables, son fruit dépend du sol qui le reçoit. Et l'on peut penser ici au choix de Judas comme apôtre, un choix qui ne contredit en rien la gratuité de l'élection, mais la souligne au contraire.

LA PARABOLE DES OUVRIERS ENVOYÉS À LA VIGNE

Sautons quelques chapitres, pour arriver au début du chapitre 20 à une parabole extrêmement significative pour mon propos, et qui n'a pas non plus de parallèle dans les autres évangiles. Il s'agit d'un propriétaire en quête de journaliers pour travailler à sa vigne. Il se présente donc à plusieurs moments de la journée sur une place publique où sont rassemblés les candidats à l'embauche : j'ai connu quelque chose de la sorte lors de mon premier séjour comme étudiant à l'École biblique et archéologique française de Jérusalem, entre 1981 et 1983. Dans notre parabole, les ouvriers sont tous payés le même prix à la fin de la journée quel qu'ait été leur temps de travail !

La parabole est, dans un premier temps, fondamentalement choquante, et les récriminations des premiers embauchés, qui ont connu le poids du jour et de la chaleur (v. 12), non seulement compréhensibles mais légitimes. Du moins, du strict point de vue de la justice distributive. Mais le choc a quelque chose de salutaire en interrogeant le lecteur sur ce qu'est la véritable justice, et finalement sur la manière dont la mesure impacte et fausse notre jugement.

En fait, Jésus a raison d'observer qu'il s'était mis d'accord avec chaque journalier sur sa rémunération, préalablement à son embauche : un contrat est un contrat, que l'on ne modifie pas après coup. Le maître ne prive de rien les premiers embauchés, il choisit de donner plus aux derniers, et c'est son droit le plus strict : les parents ne font-ils pas de même avec leurs enfants les plus en difficulté ?

Dans le cadre d'une interprétation de type spirituel, il est clair que le maître représente Dieu lui-même et la vigne son Royaume : le salaire du travail de chacun représente l'entrée dans le Royaume et son montant est donc très logiquement le même pour tous. En outre, les premiers entrants sont plus chanceux que ceux qui ont dû attendre le dernier moment !

Il est facile de comprendre avec cette parabole que le nombre ne dit pas la justice, qu'il faut donc dépasser le nombre tel que la société l'impose et accéder au monde de la gratuité. Là où chacun ne saurait être traité de la même manière, n'ayant pas les mêmes manques à combler.

Je vais arrêter là ma lecture des attitudes et paroles de Jésus pour présenter maintenant celui qui s'est fait le chantre de la gratuité, pour en avoir bénéficié lui-même, je veux parler de saint Paul.

LA GRÂCE, UN AUTRE NOM DE LA GRATUITÉ CHEZ SAINT PAUL

L es lettres de saint Paul tiennent une très grande place dans le Nouveau Testament, et elles sont essentielles pour le sujet de la gratuité, ou plutôt pour celui de la grâce qui lui est lié. Paul connaît le vocabulaire de la gratuité : il emploie l'adjectif *gratuitement*[1], il emploie aussi le nom, qui signifie *don*, et n'hésite pas à l'accoler à celui de *grâce* comme pour renforcer ce dernier[2]. Mais c'est bien le terme de grâce, et ses dérivés, qui sont prédominants chez lui : « grâce » revient des dizaines de fois dans l'ensemble du corpus paulinien, et si l'on y ajoute les emplois du verbe « faire grâce » ou « rendre grâce », on arrive à plus de 120 emplois.

Quelles sont les caractéristiques propres de cette gratuité paulinienne ? Elle est vécue personnellement dans la rencontre du Christ à Damas, elle est perçue à son sommet dans le mystère de la croix, elle est proclamée dans les lettres de l'apôtre sous de multiples formes.

L'APPEL DE PAUL SUR LE CHEMIN DE DAMAS

Paul considère sa « conversion »[3] comme une grâce divine. Plusieurs passages de ses lettres y font référence :

---

[1] Par exemple en Rm 3,24 ou 2 Co 11,7
[2] Par exemple en Rm 5,15.17 ou Ep 3,7
[3] J'emploie ici le terme classique associé à la rencontre sur le chemin de Damas, mais je ne le pense pas approprié : le passage du Paul au christianisme est pour lui de l'ordre de l'accomplissement.

« Je vous ai cependant écrit assez hardiment par endroits, comme pour raviver vos souvenirs, en vertu de la grâce que Dieu m'a faite d'être un officiant du Christ Jésus auprès des païens, ministre de l'Évangile de Dieu » (Rm 15,15-16)

« C'est par la grâce de Dieu que je suis ce que je suis, et sa grâce à mon égard n'a pas été stérile. Loin de là, j'ai travaillé plus qu'eux tous » (1 Co 15,10)

« Quand Celui qui dès le sein maternel m'a mis à part et appelé par sa grâce » (Ga 1,15)

« Reconnaissant la grâce qui m'avait été départie, Jacques, Céphas et Jean, ces notables, ces colonnes, nous tendirent la main, à moi et à Barnabé » (Ga 2,9)…

La raison en est que Paul, avant sa conversion, est un pharisien, fils de pharisien, défenseur acharné de la tradition de ses pères : rien ne le prédispose à accueillir le mystère du Christ dans sa vie. Au contraire, il est vrai après la rencontre de Damais, il se déclare pécheur et persécuteur de l'Église (Ga 1,23 ; Ph 3,6 ; 1 Tm 1,13). N'ayant donc aucun mérite à recevoir l'appel du Seigneur, Paul reconnait cet appel, et plus encore sa mission, comme totalement gratuits.

En fait, on peut généraliser au-delà de Paul : les appels du Seigneur sont toujours gratuits.

Comme je l'ai déjà fait remarquer, ils touchent ceux que l'on n'aurait pas soupçonnés, le plus jeune au lieu de l'aîné[1], le persécuteur ou le traître au lieu du fidèle, le pauvre au lieu du riche etc. Aucune

---

[1] *Supra* p. 38.

provocation dans ces choix, simplement l'expression d'une liberté et le choix de la personne adéquate pour la réalisation d'une mission.

LE MYSTÈRE DE LA CROIX

Comment penser que la mort sur une croix de misère et d'infamie puisse sauver le monde ? Telle est bien pourtant la conviction de Paul. Celui qu'à ses yeux la Loi mosaïque avait justement condamné, celui qui était pendu sur la Croix (cf. Ga 3), était celui-là même qui lui parlait à Damas, vivant ressuscité auprès de Dieu. Ce retournement, aussi fort et surprenant pour Paul qu'ont pu l'être les Béatitudes aux yeux des disciples, est l'acte le plus tangible, le seul sans doute, de la vraie gratuité.

L'apôtre ne cessera pas de mettre an premier plan de son annonce évangélique le mystère de la croix, au point d'en faire son langage comme il le revendique en 1 Co 1,17-18 s. :

> *« 17 Car le Christ ne m'a pas envoyé baptiser, mais annoncer l'Évangile, et cela sans la sagesse du langage, pour que ne soit pas réduite à néant la croix du Christ. 18 Le langage de la croix, en effet, est folie pour ceux qui se perdent, mais pour ceux qui se sauvent, pour nous, il est puissance de Dieu ».*

Je parle ici de *la croix comme du seul acte gratuit jamais vécu sur notre terre* car il n'a aucune justification humaine possible : Jésus n'avait, du point de vue des chrétiens, aucun péché (2 Co 5,21 : « Celui qui n'avait pas connu le péché, Dieu l'a fait péché pour nous, afin qu'en lui nous devenions justice de Dieu » ; cf. aussi He 4,15), il s'est donc offert librement, mais non sans souffrances, à cette mort sur la croix, dont le fruit rejaillit sur tous les hommes, et pas seulement les chrétiens. Gratuité du salut !

En donnant pour titre à mon livre « la gratuité n'a pas de prix », je voulais mettre l'accent sur le fait que le chiffre, et plus généralement la mesure, constituent de très mauvaises approches de la vie et de sa « valeur ». Mais je dois concéder maintenant que la gratuité a bien « un prix », qui n'a rien de chiffrable certes, la mort de Jésus sur la croix ! Ce que dit précisément le livre de l'Apocalypse : « Tu [Jésus] es digne de prendre le livre et d'en ouvrir les sceaux, car tu fus égorgé et tu rachetas pour Dieu, au prix de ton sang, des hommes de toute race, langue, peuple et nation » (Ap 5,9).

LE RÈGNE DE LA GRÂCE

Après l'avoir éprouvée personnellement, Paul prend conscience que la grâce, et avec elle la gratuité du don, sont bien les caractéristiques principales de la bonne nouvelle de Jésus et qu'elles définissent une alliance nouvelle, un monde nouveau :

> *« Lui [Jésus] qui nous a donné d'avoir accès par la foi à cette grâce en laquelle nous sommes établis » (Rm 5,2)*

> *« Vous n'êtes pas sous la Loi, mais sous la grâce » (Rm 6,14)*

Paul exprime ce règne de la grâce surabondante (2 Co 9,14) de plusieurs manières, en particulier en Rm 5 par un enchaînement très marquant de « combien plus » :

*8 La preuve que Dieu nous aime, c'est que le Christ, alors que nous étions encore pécheurs, est mort pour nous. 9 **Combien plus**, maintenant justifiés dans son sang, serons-nous par lui sauvés de la colère. 10 Si, étant ennemis, nous fûmes réconciliés à Dieu par la mort de son Fils, **combien plus**, une fois réconciliés, serons-nous sauvés par sa vie, 11 et pas seulement cela, mais nous nous glorifions en Dieu par notre Seigneur Jésus Christ par qui dès à présent nous avons obtenu la réconciliation. [...]*

*15 Mais il n'en va pas du don comme de la faute. Si, par la faute d'un seul, la multitude est morte, **combien plus** la grâce de Dieu et le don conféré par la grâce d'un seul homme, Jésus Christ, se sont-ils répandus à profusion sur la multitude. 16 Et il n'en va pas du don comme des conséquences du péché d'un seul : le jugement venant après un seul péché aboutit à une condamnation, l'œuvre de grâce à la suite d'un grand nombre de fautes aboutit à une justification. 17 Si, en effet, par la faute d'un seul, la mort a régné du fait de ce seul homme, **combien plus** ceux qui reçoivent avec profusion la grâce et le don de la justice régneront-ils dans la vie par le seul Jésus Christ.*

Gardons-nous de ne voir ce « dans la vie » du verset 17 une référence au seul monde à venir : comme je l'ai déjà évoqué dans un livre récent, ce monde à venir est déjà présent au cœur de notre monde, et en vivent déjà les disciples, « ceux qui reçoivent avec profusion la grâce et la justice » par la médiation de Jésus-Christ.

Dès lors, *les disciples, lorsqu'ils reprennent à leur compte la prière que Jésus leur a enseignée, le Notre Père, n'appellent pas à l'irruption d'un Règne à venir, mais à sa manifestation actuelle. Qui se fonde sur la gratuité !*

Quel sera-t-il ce règne ? Comment l'anticiper ? Une éthique de la gratuité s'impose, qui va reprendre bien des éléments déjà rencontrés au cours de cette étude.

UNE ÉTHIQUE DE LA GRATUITÉ

Comme je l'ai déjà mentionné, la gratuité n'est pas de notre monde, elle le met en accusation, elle lui est antagoniste : du fait du péché du monde. Le seul acte gratuit auquel nous pouvons encore aujourd'hui nous référer est l'offrande que Jésus fait de lui-même sur la croix.

Vouloir de la gratuité dans notre monde n'est pas autre chose qu'accueillir quelque chose du monde de Dieu dans le monde des hommes, ou inversement, ce qui est le propos de toute vie chrétienne, reconduire le monde des hommes vers son lieu d'origine, vers le Paradis, vers Dieu. En s'approchant le plus près possible de Jésus-Christ, qui est le Chemin, la Vérité, la Vie. En passant par la Croix.

En voici quelques modalités.

LA PRIÈRE

Puisqu'il s'agit d'accueillir quelque chose de Dieu ou de nous élever vers lui, le premier élément à considérer est sans aucun doute la prière.

Oui, mais… « Prier ne sert à rien, c'est du temps perdu, d'ailleurs il n'y a personne pour nous écouter… » Ces réflexions, ou d'autres du même type, qui ne les a jamais entendues ? D'une certaine manière, les contradicteurs ont raison : prier ne sert à rien pour celui qui recherche l'utilité, et qui compte les minutes ! Mais est-ce cela qui est en jeu dans la rencontre avec un ami ? N'est-ce pas plutôt le plaisir d'être ensemble, d'entretenir une amitié qui comble l'un et l'autre des deux amis ? Et qui les fait grandir dans leur vie personnelle ?

L'une des modalités importantes, et trop souvent négligées, de la prière est ce que les chrétiens appellent « action de grâces ». C'est une « reconnaissance de gratuité ». Mais non pas de dette alors même que nous « devons » tout à Dieu, justement parce que Dieu donne gratuitement. Il s'agit de bénir Dieu pour tous ses dons, de lui rendre par la louange les grâces qu'il ne cesse de nous offrir.

La prière constitue une forme d'« acte gratuit » accessible à tous. Voilà pourquoi, après Jésus, saint Paul y reviendra : « Priez sans cesse » (1 Th 5,17. Cf. Ep 6,18).

Voilà aussi pourquoi un Georges Bernanos peut écrire dans le *Journal d'un curé de campagne* :

> *« « Nous nous faisons généralement de la prière une si absurde idée ! Comment ceux qui ne la connaissent guère – peu ou pas – osent-ils en parler avec tant de légèreté ?*
>
> *Un trappiste, un chartreux travaillera des années pour devenir un homme de prière, et le premier étourdi venu prétendra juger de l'effort de toute une vie !*
>
> *Si la prière était vraiment ce qu'ils pensent, une sorte de bavardage, le dialogue d'un maniaque avec son ombre, ou moins encore – une vaine et superstitieuse requête en vue d'obtenir les biens de ce monde, - serait-il croyable que des milliers d'êtres y trouvassent jusqu'à leur dernier jour, je ne dis pas même tant de douceurs – ils se méfient des consolations sensibles – mais une dure, forte et plénière joie ! »*

LE RESPECT

Le respect vise deux réalités : l'homme et la nature. Tous les deux sont des dons de Dieu et doivent être protégés. Leur respect constitue ce que l'on appelle « l'écologie intégrale ».

Quand j'évoque le respect de l'homme, cela concerne la vie humaine, de la conception jusqu'au passage vers le Père, puisque cette vie est sans cesse reçue. Mais cela concerne aussi le respect que l'on doit à chacun, quelles que soient ses erreurs, ses fautes, et même ses monstruosités : comme je l'ai expliqué en effet dans un précédent ouvrage, tout homme est créé à l'image et à la ressemblance de Dieu, et si la ressemblance peut être fort obscurcie, l'image elle ne se perd pas.

Ce respect peut aussi se manifester sous la forme d'une distance à conserver face à tout être humain, pour que sa liberté puisse s'exprimer pleinement. « Mettre la main sur… », voilà qui ne devrait jamais exister entre deux êtres humains, de la même manière que Dieu, dans la Genèse, n'a mis la main ni sur Eve, ni sur Adam.

Quand j'évoque le respect de la nature, c'est évidemment en pensant aux exigences de sa préservation. Il est banal de rappeler l'exigence du Créateur à Adam dans le livre de la Genèse :

> *« Le Seigneur Dieu prit l'homme et l'établit dans le jardin d'Eden pour le cultiver et le garder » (Gn 2,15).*

Pour le garder, autrement dit le conserver, et non l'exploiter. Oh ! certes, il est question plus haut, en 1,28, de « soumettre la terre ». Mais on oublie trop vite que la racine du verbe soumettre, en grec, inclut l'idée d'ordre : l'invitation de Dieu s'inscrit donc comme une mise en ordre, une prolongation de l'œuvre de création, en aucun cas une exploitation dévastatrice et mortifère !

GÉNÉROSITÉ ET PARTAGE

Qui ne sait aujourd'hui que les ressources de la planète terre sont limitées, dans des domaines aussi divers, mais non sans liens, que sont l'énergie, l'halieutique, l'eau, ou autres, et que leur usage intensif annonce des lendemains qui déchantent ? Certains continuent de penser que la technique ne manquera pas de résoudre les problèmes, c'est ce qu'elle veut nous faire croire, mais c'est un leurre. Alors, on parle de décroissance, de redistribution, de consommation raisonnée… Je préfère évoquer ici le partage, que d'autres appelleront solidarité.

En tout état de cause, un changement dans les modes de pensée et les comportements s'impose, il a déjà commencé, mais va devenir de plus en plus urgent et « violent ». Il faut saluer, dans le domaine du partage, d'heureuses initiatives : multiplication des habitats partagés, covoiturage, lutte contre l'obsolescence programmée, etc. Ces initiatives expriment des formes de générosité et de partage, elles ne sont pas toutes d'origine chrétienne, loin s'en faut, et c'est très bien ainsi : Jésus ne s'est-il pas félicité des guérisons opérées par d'autres que lui et ses disciples ? C'est en tout cas ce que rapporte saint Marc :

> *Jean lui dit : "Maître, nous avons vu quelqu'un expulser des démons en ton nom, quelqu'un qui ne nous suit pas, et nous voulions l'empêcher, parce qu'il ne nous suivait pas." Mais Jésus dit : "Ne l'en*

empêchez pas, car il n'est personne qui puisse faire un miracle en invoquant mon nom et sitôt après parler mal de moi. Qui n'est pas contre nous est pour nous. » (Mc 9,38-40)

Mais il reste que si cette exigence du partage n'est pas inscrite et fondée dans le cœur de l'homme, elle risque bien de s'étioler. Elle trouve un meilleur fondement en christianisme, en la faisant reposer sur la reconnaissance d'un Dieu qui aime et qui donne « sans compter ». Ce qui se trouve parfaitement résumé par saint Paul :

« Qu'as-tu que tu n'aies reçu ? » (1 Co 4,7)

Si l'homme reconnaît en vérité qu'il *n'a pas*, au sens de *ne possède pas*, alors il ne peut accumuler, car cela ne changerait rien au fait de ne pas posséder : il ne peut que donner. Peut-être est-ce la raison qui a poussé une pauvre veuve à donner le peu qu'elle avait, qu'on qualifie de nécessaire quand Jésus dit « ce qu'elle avait pour vivre » (cf. Lc 21,4). Mais c'est certainement la raison qui pousse la première communauté chrétienne à partager ses biens, et à s'organiser pour ne laisser personne dans le besoin.

Saint Luc a validé en quelque sorte cette exigence en proposant le tableau idéal de la vie communautaire dans les Actes des Apôtres :

« La multitude des croyants n'avait qu'un cœur et qu'une âme. Nul ne disait sien ce qui lui appartenait, mais entre eux tout était commun. » (Ac 4,32).

Mais ne faut-il pas voir là une charmante utopie ? Si les communautés monastiques se sont presque toutes saisies d'un tel programme, et peinent à le mettre en œuvre, cela a-t-il un sens de le proposer à une communauté humaine plus large ? L'interrogation est légitime, elle n'a pas de réponse définitive, elle appelle au moins deux commentaires :

- Pour saint Luc comme pour les croyants, ce programme constitue un objectif à atteindre, plus qu'une réalité vivable et vécue au quotidien. D'ailleurs, dans les Actes (ch. 5), on voit qu'il rencontre d'emblée des résistances. La raison n'est pas toujours celle qu'on dit. Ce qui est en effet visé se trouve pour une part hors de portée de l'homme : ce n'est rien d'autre que la charité, entendue en son sens originel et vrai, à savoir l'amour *sans pareil* qui unit le Père, le Fils et l'Esprit dans la sainte Trinité. Un amour que l'Esprit-Saint vient toutefois partager avec l'homme.

- J'ai évoqué plus haut la nécessité d'un « changement de modes de pensée et de comportements » : ce qui n'a pas vraiment réussi en vingt siècles a sans doute peu de chances de se réaliser en dix ans. Mais la pression est aussi beaucoup plus forte aujourd'hui qu'elle ne l'a jamais été.

Dieu n'a jamais désespéré de l'homme, puisse cela être aussi notre cas !

LE PARDON

À bien des égards, le pardon est l'attitude la plus incompréhensible qui soit : il demande à la victime de faire une démarche qui devrait être le fait de l'auteur du dommage. Il est vrai que cet auteur peut être à l'origine de la demande qui est faite à la victime, mais il reste que celle-ci est invité à faire un geste, à dire une parole qui ne va pas de soi. Où peut-on puiser la force qui conduit à dépasse le tort, à donner plus, à pardonner quand le dommage est grand, voire immense ?

À cette question, on peut répondre qu'il s'agit simplement de sagesse humaine, d'éviter la désastreuse « réponse symétrique » dont j'ai déjà parlé. En outre, et nombreux sont ceux qui en témoignent, le pardon « libère » non seulement le malfaisant, mais aussi la victime : celle-ci se trouve allégée du poids du tort subi, du souvenir qui conduit trop souvent à ressasser et à ligoter.

À cette même question, et sans négliger la réponse précédente, les chrétiens ajoutent : dans l'amour que Dieu porte à chacun, au pardon qu'il ne cesse d'accorder à sa créature, et ce depuis le temps du jardin d'Eden. En d'autres termes, la gratuité de Dieu les pousse à cette même gratuité

En 2 Co 1,4, c'est à peu près ce que nous rapporte Saint Paul, même s'il s'agit alors d'évoquer la consolation :

> *« [Dieu] qui nous console dans toute notre tribulation, afin que, par la consolation que nous-mêmes recevons de Dieu, nous puissions consoler les autres en quelque tribulation que ce soit »*

Le pardon n'est jamais facile, et j'en trouve une raison essentielle dans le fait que la gratuité elle-même n'est jamais facile : la faute invite à compter le tort fait et à en revenir à la loi du talion. Ce que fait et tente de faire la justice humaine, commutative ou distributive[1], et elle est souvent indispensable, mais la justice salvifique[2], celle qu'exerce Dieu à l'égard des hommes et qu'il les

---

[1] Je pense aux nombreux cas aujourd'hui révélés d'abus dans les domaines sexuels ou spirituels. La justice est commutative lorsqu'elle donne à chacun la même chose, distributive lorsqu'elle garde une part de proportionnalité.

[2] Il s'agit de la justice telle qu'on la trouve dans la Bible, par exemple dans la parabole des ouvriers envoyés à la vigne telle que je l'ai présentée plus haut. Cette justice donne sans compter !

invite à reproduire, va beaucoup plus loin. Elle est gratuite, elle renouvelle complètement la situation d'origine, et ouvre un nouveau champ relationnel.

TÉMOIGNAGES

I l n'est pas possible de terminer une réflexion consacrée à la gratuité… dans la mesure où la gratuité ne se mesure pas, et ne saurait donc s'enfermer dans le cadre étroit d'un livre. Elle ne cesse d'inviter à la réflexion et au témoignage. Je me propose donc d'apporter quelques exemples sur ces deux points, lesquels contribueront à montrer, j'espère, que si la gratuité n'est pas de notre monde, il existe bien des manières de s'en rapprocher.

QUELQUES RÉFLEXIONS SUR LA GRATUITÉ

En tout premier lieu, je placerais le livre d'un jeune professeur d'économie, Philippe Bouhours : *Demain, quelle société ? Fin des économistes, avènement de la gratuité*[1]. L'ouvrage, déjà ancien, difficile à trouver aujourd'hui, a largement contribué au début de ma réflexion, et je regrette seulement une connotation polémique dont le titre donne une idée. De fait, l'ouvrage de Bouhours est très disert sur la dimension spirituelle, trop peut-être au point que l'on s'interroge sur l'opportunité et la justesse des réflexions proposées par l'auteur. Voici une phrase parmi beaucoup d'autres :

« On retiendra comme une admirable prouesse celle d'avoir réussi à produire des dizaines de milliers d'ouvrages économiques sans que le mot ni le concept de charité y trouve sa place. Cette éviction constitue une manœuvre remarquablement perverse »[2].

---

[1] Pneumathèque, Paris, 1978.
[2] *op. cit.* p. 104.

Non seulement je ne suis pas sûr qu'il y ait manœuvre, mais en outre, je pense que c'est le concept de gratuité plus que celui de charité, difficile à placer dans un cadre économique, qui a été oublié... Bien plus tard, j'ai parcouru celui de Jean-Louis Sagot-Duvauroux, *Pour la gratuité*[1]. À la différence de celui de Bouhours, l'ouvrage de Sagot-Duvauroux s'arrête lui prudemment au seuil de la dimension spirituelle, mais on regrette presque que l'auteur se soit limité et ne soit pas allé plus avant. Qu'on en juge par ces lignes :

« La gratuité, qui abolit en pratique l'appropriation marchande d'un bien, d'un service ou d'une personne, invite à un rapport aux choses et aux gens qui est, sinon du domaine de l'amour, du moins de celui de 'l'aimer'. Elle nous propose, sans pouvoir nous y contraindre, de prendre parce qu'on aime, d'apprendre à recevoir, à goûter (ce qui est peut-être le bon chemin pour acquérir la capacité de donner. Ce chemin-là ne peut éviter l'acte contemplatif » ; ou encore : « dans le moment où l'on se donne, on se perd, on se prend, on se possède » ; enfin et surtout : « La meilleure théologie chrétienne, celle par exemple que développe saint Paul, associe le don que le crucifié fait de sa vie à l'absolue gratuité du salut, salut donné par amour, sans contrepartie, et qui rendrait définitivement vain tout marchandage sacrificiel. Le crucifié en ressuscite ».

Ils ne sont pas seuls à chercher les traces de cette gratuité au cœur de toute vie humaine. La question de la gratuité n'a cessé de « chatouiller » de nombreux penseurs sans référence religieuse : que l'on pense par exemple à André Gide et son interrogation sur « l'acte gratuit »[2], au sociologue Marcel Mauss et son fameux essai

---

[1] L'ouvrage, écrit en 1995 et actualisé depuis par une longue préface, *Rêves en crise*, est doublement diffusé : aux éditions de l'Éclat, et gratuitement sur Internet.

[2] *Les caves du Vatican*, ed. Folio.

sur le Potlatch, ou à Georges Bataille dans son ouvrage intitulé « La part maudite ».

D'autres, comme je le fais, ont enquêté à partir de références religieuses explicites. Au hasard de diverses lectures, anciennes ou plus récentes, je note par exemple :

- Albert Chapelle[1], qui s'interroge en philosophe sur les rapports du nécessaire, du possible et du gratuit, et qui écrit : « Confesser l'action de Dieu parmi nous, c'est en reconnaître la gratuité ».

- E. Schillebeeckx qui, dans un livre intitulé *The Understanding of Faith*[2], remarque : « La vie humaine authentique semble impensable à moins que nous ne l'éprouvions comme gratuité complète. Est-ce là l'authentique corrélation entre notre être homme et la grâce de Dieu ? ».

- F. Varillon qui, dans une passionnante autobiographie, *Beauté du Monde et Souffrance des Hommes*[3], affirme : « Au fond, qu'est-ce qui va dans le sens de Dieu, dans l'avancée du monde ? C'est tout ce qui ouvre un espace à la gratuité. »

- Dans l'excellent *Demeure* de François-Xavier Bellamy, j'extrais ces phrases : « [Dans notre société], il s'agit de tirer un profit de tout ce qui jusque-là restait en dehors du marché : on prenait des auto-stoppeurs sur la route, on rentabilise aujourd'hui chaque place libre dans sa

---

[1] « La confession de foi dans l'histoire », dans *La Confession de foi*, C. Bruaire, éd., Communio, Paris, 1977.
[2] Londres, 1974, p. 90.
[3] Le Centurion, Paris, 1980, p. 90.

voiture, en faisant du covoiturage. Le logement où l'on habite devient un espace à marchander aussitôt qu'on s'en absente. Sous la pression de cet « étranglement économique » dont parlait Péguy, plus rien ne saurait rester définitivement gratuit »[1] (*op. cit.* p. 210).

- Et plus récemment encore : « Nous sommes allés trop loin vers la rentabilité. Aujourd'hui, nous sommes affolés par ce retrait de la vie, cette absence de services (écoles, postes, médecins, cliniques) qui défigurent nos régions. Si la vie s'en va encore, qui pensera à se méfier des réalités tyranniques que sont les algorithmes et les statistiques ? Cette fausse connaissance ne s'intéresse pas à la réalité humaine. Elle confond « ce qui compte » et « ce qui se compte », pour reprendre l'infatigable Edgar Morin »[2].

Je laisse le lecteur ajouter d'autres références, d'autres regards sur cette question ouverte de la gratuité. Je vais maintenant en proposer deux exemples qui ont été ou sont marquants pour moi, et donc sans aucune prétention à l'exhaustivité.

---

[1] François-Xavier Bellamy, *Demeure*, p. 210.
[2] J. C. Guillebaud, « Nos campagnes à l'abandon », *La Vie,* 28 novembre 2019.

DEUX EXEMPLES DE GRATUITÉ « EN ACTE »

LA VIE D'UN HOMME DE PAROLE, SAINT DOMINIQUE

Il ne s'agit pas ici de brosser une nouvelle vie de saint Dominique, même si elle est encore trop méconnue : d'autres l'ont fait, et je n'ai aucune prétention de les égaler. Je voudrais juste rappeler deux traits de cette vie en rapport avec l'amour gratuit que j'essaie d'approcher.

En premier lieu, je pense à la pauvreté mendiante, que Dominique lui-même a expérimenté. Oh ! certes, Dominique a vécu sa jeunesse dans une famille et un environnement plutôt favorisés, mais il a fait très tôt connaissance avec la pauvreté chez ceux qu'il croisait. C'est ainsi qu'on rapporte de lui que, constatant la famine régnant à Palencia où il faisait alors des études, il choisit de vendre ses livres pour secourir les pauvres : à l'époque les livres étaient rares, et essentiels à l'étudiant qui en bénéficiait. S'en défaire était un geste de gratuité.

Ce geste a marqué les esprits, surtout qu'on l'associe à une phrase choc : « je ne peux étudier sur des peaux-mortes quand des hommes meurent de faim ». Et cet élan vers la pauvreté volontaire est devenue une requête essentielle de la vie dominicaine, surtout qu'il évite au prédicateur de devoir orienter sa prédication et sa vie selon les désirs d'un quelconque « sponsor ». Aujourd'hui encore, la prédication dominicaine est « gratuite », de plusieurs manières : en particulier du fait qu'elle n'est pas « facturée » selon un quelconque barème.

En deuxième lieu, je pense au choix résolu de la parole comme « instrument » de prédication, destiné à emporter la conviction : je me suis déjà un peu exprimé sur ce point au début de cet ouvrage. À l'époque de Dominique, sévissait la croisade, et diverses formes de contraintes pour tenter d'obtenir le soutien des adversaires. Dominique n'a jamais eu recours à une quelconque Inquisition née plusieurs années après sa mort, et il s'est fait connaître et apprécié par son engagement dans les débats oraux, qu'on appelait alors *disputationes*.

Or la parole se propose, mais ne s'impose pas : d'où justement la *disputatio* dont je viens de parler. Il faut convaincre, c'est-à-dire vaincre dans la communion, dans le respect de l'adversaire : le « vaincu » grandit dans la défaite, la gratuité l'a instruit.

LA COURTE VIE D'UN SAINT ENFANT, GASPARD CLERMONT

Tous ceux qui suivent mon blog *Proveritate* savent tout ce que je dois à Gaspard Clermont, visité chez ses parents le jeudi 22 décembre 2016 : atteint d'une maladie neurodégénérative dite de Sandhoff, Gaspard était alors âgé de 40 mois. Ses parents tenaient une page Facebook au succès grandissant (80.000 lecteurs environ au temps de ma visite, 120.000 un mois plus tard !), dans laquelle ils informaient sur l'état de santé de leur fils, et proposaient les réflexions que suscitait son accompagnement. Comme beaucoup, j'avais été « retourné » à la lecture de cette page, et en particulier par les remarquables propos du papa sur le vrai sens de la paternité[1]. A la suite de cette visite, j'ai publié sur mon blog la prédication que j'ai prononcée trois jours plus tard, le dimanche 25 décembre : elle a trouvé près de 10.000 lecteurs.

Gaspard a rejoint le Père du ciel pendant les premières vêpres de la Présentation de Jésus au temple, le 1ᵉʳ février 2017 à 18 h 15 : je ne vois là aucun hasard dans cette date significative. Sa maman a rapporté tout cela, de manière bouleversante, dans un film « Gaspard soldat de l'amour ».

La « fécondité » de la vie de Gaspard a été et reste considérable. Depuis cette rencontre du 22 décembre, j'ai été moi-même été le témoin reconnaissant de ce que peut être la force dans la faiblesse, je suis resté en contact régulier avec les parents, et je profite de chaque voyage à Paris pour aller sur la tombe du « petit saint de Rueil ».

Pourquoi parler de la vie de Gaspard dont plusieurs personnes ont souligné devant moi qu'elle ne fut pas différente de tant d'autres, et que sa célébrité était sans doute largement due à ses parents ? Oui, bien sûr, elle n'est pas unique, et ses parents ont joué un grand rôle. Oui, c'est vrai, Gaspard n'a rien dit, rien fait. Mais justement, dans tout un tas de circonstances dont témoignent ceux qui l'ont rencontré, dont je suis, il est clair qu'il fut un témoin muet de l'innocence et de la force divines. Sa courte vie trouve tout son sens en raison de sa gratuité !

Dans un texte bouleversant, écrit à l'occasion de la Toussaint 2019, ses parents le confessent :

---

[1] Propos republiés plus tard dans le livre *Gaspard entre terre et ciel,* Paris, Cerf, 2018.

« En ces jours si particuliers pour nous, le ciel et la terre semblent se rapprocher : à la Toussaint, nous fêtons tous les saints, connus ou inconnus. Le lendemain, nous nous unissons aux défunts de nos familles en les visitant au cimetière ou en priant pour eux.

Je dois vous avouer qu'avant Gaspard, tout cela nous paraissait un peu flou, voire même un peu « vieillot », comme des histoires de grand-mère rassurantes pour les enfants.

Mais Gaspard est arrivé. Avec lui, nous avons vécu une véritable conversion. Une conversion progressive mais radicale. Avec lui, le ciel est devenu familier. Son absence physique s'est progressivement muée en une présence différente, mais bien réelle. Oh, rien de très « sensible », pas d'expériences décapantes, sa présence se fait discrète. Mais il s'agit de bien plus qu'un souvenir que nous aimerions faire ressurgir pour nous rassurer. Non, il est bien là, il est avec nous, son âme n'est pas morte, nous le sentons. La mort ne l'a pas emportée. Ce qui nous unissait n'a pas été détruit, mais transformé.

Nous en sommes même persuadés : Gaspard est saint. Saint à sa manière, un saint parmi tant d'autres enfants malades saints, un saint parmi toutes les mamans saintes qui œuvrent sans relâches pour leurs enfants, un saint parmi les saints qui sont au ciel pour avoir évité de se faire remarquer, et sont restés simplement à leur place. Un saint parmi ceux qui n'ont rien fait d'extraordinaire dans leur vie, mais qui ont mis dans chaque action tellement d'amour…

Alors bonne fête petit saint. Merci de nous montrer le chemin des retrouvailles éternelles. »

Merci, amis lecteurs, de m'avoir suivi jusqu'ici : je vous laisse maintenant ouvrir, pour vous ou d'autres, un ou des chemins de gratuité.

Table des matières